AF283128

Introducción a la casa sana

avanza editorial

Editado por:
EDITORIAL FAE, S.L.U.
Correo electrónico: editorial@editorialfae.com

Introducción a la casa sana
Elsa Rubio Duce

1ª Edición

Se ha puesto el máximo empeño en ofrecer a la persona lectora una información completa y precisa. Sin embargo, Editorial FAE, S.L.U. no asume ninguna responsabilidad derivada de su uso ni tampoco de cualquier violación de patentes ni otros derechos de terceras partes que pudieran ocurrir. Esta publicación tiene por objeto proporcionar unos conocimientos precisos y acreditados sobre el tema tratado. Su venta no supone para el editor ninguna forma de asistencia legal, administrativa o de ningún otro tipo.

Reservados todos los derechos de publicación en cualquier idioma:

De conformidad con lo dispuesto en el artículo 270 del Código Penal vigente, ninguna parte de este libro puede ser reproducida, grabada en sistema de almacenamiento o transmitida en forma alguna ni por cualquier procedimiento, ya sea electrónico, mecánico, reprográfico, magnético o cualquier otro, sin autorización previa y por escrito de Editorial FAE, S.L.U.; su contenido está protegido por la Ley vigente, que establece penas de prisión y/o multas a quienes intencionadamente reprodujeren o plagiaren, en todo o en parte, una obra literaria, artística o científica.

ISBN: 978-84-1135-397-7

Impreso en España

Índice

U. A. 3. Medidas y marco normativo

U. A. 4. Etiquetado ambiental

U. A. 5. Ambientes residenciales sanos

U. A. 6. Casa sana

U. A. 7. Desarrollo práctico de un proyecto técnico sobre medidas para asesorar y realizar un proyecto de vivienda saludable

Aplicaciones prácticas

Ejercicio de evaluación final

Solucionario

Bibliografía

Índice

U. A. 1. Introducción

Introducción

La preocupación por la salud en el entorno construido ha ido cobrando cada vez más relevancia en las últimas décadas, en paralelo a la creciente toma de conciencia sobre los efectos que los espacios interiores tienen en el bienestar físico y mental de las personas. Esta unidad introductoria ofrece una panorámica general sobre los factores culturales, ambientales y sociales que han impulsado el concepto de vivienda saludable, así como sobre los riesgos concretos del aire interior y las condiciones necesarias para alcanzar un confort térmico adecuado en los espacios cerrados.

El objetivo de esta unidad es crear un marco de comprensión que permita valorar la importancia de los criterios de salubridad en la reforma y construcción de viviendas, estableciendo una base para el análisis posterior de contaminantes, normativas y propuestas técnicas. Se plantea también como un primer paso para desarrollar una actitud crítica y proactiva en el asesoramiento de soluciones saludables en el ámbito residencial.

Objetivos

- Comprender el contexto sociocultural que ha originado la necesidad de viviendas saludables.
- Identificar los principales efectos del aire interior sobre la salud humana.
- Reconocer los elementos que influyen en el confort térmico y en una ventilación saludable dentro de los espacios cerrados.
- Valorar la importancia de adoptar criterios de salubridad y confort en la planificación y prescripción de intervenciones constructivas.

1. Contexto socio cultural

La evolución del entorno construido ha estado tradicionalmente guiada por factores como la disponibilidad de materiales, la eficiencia energética, el diseño funcional y los costes de construcción. Sin embargo, en las últimas décadas se ha producido un cambio de paradigma, en el que la salud y el bienestar de las personas ocupan un lugar prioritario en el diseño y reforma de viviendas.

Este cambio se enmarca en un contexto sociocultural caracterizado por varios factores:

- **Mayor concienciación medioambiental** por parte de la ciudadanía, que exige espacios más sostenibles y saludables.
- **Aumento de enfermedades respiratorias y alergias**, especialmente en entornos urbanos, muchas veces relacionadas con la calidad del aire interior.
- **Mayor tiempo pasado en interiores**, debido a estilos de vida laborales, educativos o incluso sanitarios (como se evidenció durante la pandemia de COVID-19).
- **Acceso creciente a información y tecnologías** que permiten evaluar las condiciones ambientales de los espacios interiores.
- **Cambio en los valores sociales**, con más atención a la salud holística, la sostenibilidad y el confort emocional.

Estos elementos han impulsado una demanda creciente de profesionales capaces de prescribir soluciones saludables en el ámbito de la construcción, tanto en obras nuevas como en reformas.

Fig. 1. El concepto de "casa sana" no solo responde a requisitos técnicos, sino también a un movimiento social y cultural que promueve la habitabilidad como factor clave de salud pública

Anotación

En muchos países europeos se han desarrollado programas públicos que fomentan viviendas saludables, bajo criterios de sostenibilidad, calidad del aire y eficiencia energética, integrando a profesionales del diseño, la medicina ambiental y la arquitectura.

2. Efectos sobre la salud del aire interior

La calidad del aire que respiramos en espacios cerrados tiene un impacto directo sobre nuestra salud, especialmente si se considera que las personas pasan, en promedio, más del 80% de su tiempo en interiores (vivienda, trabajo, transporte, etc.).

A diferencia del aire exterior, el aire interior puede acumular contaminantes en concentraciones más elevadas, al no existir un flujo de renovación adecuado.

Entre los efectos más comunes sobre la salud provocados por un aire interior contaminado se encuentran:

- **Dolores de cabeza, mareos y fatiga**.
- **Crisis asmáticas o agravamiento de enfermedades respiratorias** preexistentes.
- **Alergias** provocadas por la presencia de ácaros, moho u otros agentes biológicos.

- **Problemas de concentración y bajo rendimiento cognitivo**, asociados a niveles elevados de dióxido de carbono (CO_2).

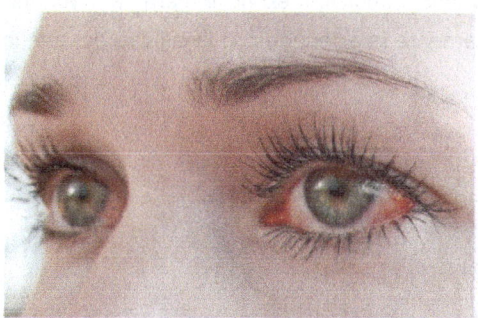

Fig. 2. El aire interior contaminado puede provocar irritaciones de ojos, nariz y garganta

En casos de exposición prolongada, ciertos compuestos químicos como el formaldehído, los compuestos orgánicos volátiles (COV) o los pesticidas pueden contribuir a riesgos más graves, como alteraciones endocrinas, daños neurológicos o incluso cáncer, dependiendo de las sustancias implicadas y de la vulnerabilidad de las personas (niños, mayores, embarazadas, etc.).

 Ejemplo

Una vivienda reformada con materiales aglomerados y sin ventilación adecuada puede emitir formaldehído durante meses, generando un ambiente nocivo para sus habitantes sin que sea perceptible de forma inmediata.

En consecuencia, el análisis de los efectos del aire interior debe formar parte del asesoramiento técnico en cualquier obra o reforma. No basta con cumplir normativas mínimas: es necesario promover soluciones que favorezcan la calidad ambiental interior desde un enfoque preventivo y saludable.

3. Confort térmico y ventilación

El confort térmico es una condición esencial para la habitabilidad de un espacio cerrado y está estrechamente relacionado con la calidad del aire interior.

Fig. 3. El confort térmico se define como la sensación de bienestar térmico que experimenta una persona en un determinado ambiente, sin sentir ni frío ni calor excesivo

Esta percepción no depende únicamente de la temperatura del aire, sino también de factores como la humedad relativa, la velocidad del aire, la temperatura de las superficies circundantes y el nivel de actividad física y vestimenta del individuo.
Para garantizar el confort térmico, deben cumplirse ciertas condiciones:

- **Temperaturas interiores** estables entre 20 °C y 24 °C en invierno y entre 23 °C y 26 °C en verano.
- **Humedad relativa** entre el 40 % y el 60 %, para evitar tanto la sequedad excesiva como la proliferación de mohos o ácaros.
- **Ausencia de corrientes de aire molestas**, pero con una mínima renovación del aire que evite el estancamiento.
- **Aislamiento térmico adecuado** de paredes, techos y ventanas, que permita mantener una temperatura confortable con bajo consumo energético.

Anotación

Un error habitual en reformas es mejorar el aislamiento térmico sin prever un sistema de ventilación mecánica. Esto puede provocar una acumulación peligrosa de contaminantes y humedad, aunque la temperatura parezca confortable.

La ventilación juega un papel determinante, ya que es el mecanismo que permite renovar el aire, eliminando contaminantes, exceso de CO_2, humedad y olores.

Existen dos grandes tipos de ventilación:

- **Ventilación natural**: se basa en la apertura de ventanas o entradas de aire mediante rejillas. Es económica y sostenible, pero su eficacia depende de la climatología y del uso adecuado por parte de los ocupantes.
- **Ventilación mecánica**: utiliza sistemas controlados (extractores, recuperadores de calor, etc.) para asegurar una renovación continua y eficiente del aire, incluso con ventanas cerradas. Es clave en edificios herméticos o muy aislados.

Ejemplo

En una vivienda reformada con ventanas herméticas de PVC, si no se incorporan rejillas de ventilación o sistemas mecánicos, puede aparecer condensación en los cristales, moho en las esquinas y mal olor, todo ello consecuencia de una ventilación insuficiente.

Fig. 4. Los extractores mecánicos de aire se instalan comúnmente en baños, cocinas o zonas de ventilación forzada y sirven para expulsar aire viciado o húmedo hacia el exterior, ayudando a mantener una buena calidad del aire interior y prevenir problemas como la condensación, el moho o los malos olores

En suma, el confort térmico y la ventilación deben considerarse de manera conjunta. No se trata solo de mantener una buena temperatura, sino de crear un ambiente saludable, equilibrado y adaptado a las necesidades humanas, donde el aire se renueve eficazmente y las condiciones térmicas no supongan una carga para la salud.

Para facilitar la comprensión de los parámetros que intervienen en el confort térmico y en la ventilación saludable, se presenta a continuación una tabla con los valores recomendados para distintos factores ambientales, acompañados de sus efectos en caso de desviación:

Parámetro	Valor recomendado	Consecuencias de valores inadecuados
Temperatura del aire	20–24 °C (invierno) 23–26 °C (verano)	Frío o calor excesivo, malestar, alteración del sueño
Humedad relativa	40–60 %	Sequedad de mucosas, proliferación de mohos, problemas respiratorios
Velocidad del aire	≤ 0,15 m/s en reposo	Corrientes molestas, sensación de incomodidad
Renovación del aire	≥ 0,5 renovaciones/hora	Acumulación de CO_2, olores, contaminantes químicos y biológicos
Superficies radiantes frías	Evitarlas	Sensación de disconfort, pérdidas térmicas por radiación
Puentes térmicos	Eliminar o minimizar	Condensaciones, aparición de moho y pérdida energética

Resumen

El concepto de "casa sana" se sustenta sobre la idea de que el entorno construido influye directamente en la salud física y mental de las personas. La transformación sociocultural de las últimas décadas ha promovido una visión más integral de la vivienda, que ya no se concibe únicamente como refugio o inversión, sino como espacio que debe favorecer el bienestar, la calidad de vida y la prevención de enfermedades. Este cambio ha sido impulsado por una mayor sensibilización social sobre los efectos de la contaminación ambiental, el crecimiento de enfermedades respiratorias, el aumento del tiempo que pasamos en interiores y el interés generalizado por estilos de vida más saludables y sostenibles.

El aire interior es uno de los principales factores que determinan la salubridad de una vivienda. A diferencia del aire exterior, que tiende a renovarse de forma continua, los ambientes cerrados pueden acumular contaminantes hasta niveles nocivos. Estos contaminantes incluyen sustancias químicas (como compuestos orgánicos volátiles, formaldehído o pesticidas), agentes biológicos (moho, ácaros, bacterias) y elementos físicos (polvo en suspensión, CO_2), que pueden provocar efectos negativos como irritaciones, cefaleas, fatiga, alergias, asma o, en casos más graves, enfermedades crónicas. La exposición continua a un aire interior contaminado afecta especialmente a colectivos vulnerables como niños, personas mayores o personas con patologías respiratorias.

Otro factor clave es el confort térmico, que no depende solo de la temperatura del aire, sino también de variables como la humedad relativa, la ventilación, el aislamiento térmico y la velocidad del aire. Un entorno térmicamente confortable reduce el estrés fisiológico, mejora el descanso y favorece la productividad. Para ello, se recomienda mantener temperaturas estables y adaptadas a las estaciones, controlar la humedad entre rangos saludables y evitar corrientes de aire o sobrecalentamientos localizados.

La ventilación es indispensable para renovar el aire y evitar la acumulación de contaminantes y humedad. Puede lograrse mediante ventilación natural, utilizando aberturas arquitectónicas, o mecánica, mediante sistemas que garantizan una renovación constante, especialmente en espacios muy herméticos.

Glosario

Calidad del aire interior

Nivel de pureza del aire en espacios cerrados, determinado por la concentración de contaminantes químicos, biológicos y físicos, así como por las condiciones de ventilación.

Casa sana

Concepto que define una vivienda diseñada, construida o reformada siguiendo criterios que favorezcan la salud y el bienestar de las personas, minimizando riesgos ambientales y promoviendo un entorno saludable.

Confort térmico

Sensación subjetiva de bienestar que experimenta una persona respecto a la temperatura, humedad, movimiento del aire y radiación térmica en un espacio determinado.

Contaminante interior

Sustancia presente en el aire de un espacio cerrado que puede afectar negativamente a la salud, como formaldehído, COV, moho, polvo, dióxido de carbono, entre otros.

Cultura de la sostenibilidad

Conjunto de valores y prácticas sociales que promueven el respeto al medio ambiente, la eficiencia energética, y el bienestar de las personas en sus entornos de vida.

Humedad relativa

Cantidad de vapor de agua presente en el aire respecto al máximo que este puede contener a una temperatura determinada, expresada en porcentaje. Influye directamente en el confort y en la proliferación de microorganismos.

Ventilación natural

Renovación del aire interior mediante la apertura de ventanas o la circulación cruzada del aire exterior, sin intervención de dispositivos mecánicos.

Ventilación mecánica

Sistema técnico automatizado que permite renovar el aire interior de manera controlada, garantizando niveles adecuados de oxígeno y eliminación de contaminantes.

Síndrome del edificio enfermo

Conjunto de síntomas de salud y malestar experimentados por personas que permanecen en edificios con deficiente calidad ambiental interior, sin una causa médica identificable clara.

Sostenibilidad ambiental

Principio que busca satisfacer las necesidades del presente sin comprometer la capacidad de las futuras generaciones, aplicado al diseño y mantenimiento de entornos saludables y energéticamente eficientes.

Ejercicios de autoevaluación

1. ¿Cuál de los siguientes factores ha contribuido al auge del concepto de "casa sana"?

a. El descenso del precio de los materiales de construcción.

b. El aumento del tiempo que pasamos en espacios interiores.

c. La popularización del estilo industrial en decoración.

d. La moda de las viviendas minimalistas.

2. ¿Qué impacto tiene el aire interior contaminado sobre la salud?

a. Mejora la capacidad pulmonar.

b. Puede provocar alergias, irritaciones y enfermedades respiratorias.

c. Solo afecta si se permanece más de 12 horas seguidas en el espacio.

d. Ninguno, si se utiliza ambientador con frecuencia.

3. ¿Cuál de estos efectos NO se asocia directamente con una mala calidad del aire interior?

a. Fatiga y dolor de cabeza.

b. Aumento de crisis asmáticas.

c. Irritación ocular.

d. Mayor absorción de vitamina D.

4. ¿Qué tipo de contaminante puede emitir un material aglomerado sin ventilación adecuada?

a. Dióxido de carbono.

b. Formaldehído.

c. Metano.

d. Ozonosoles.

5. **El confort térmico depende, entre otros factores, de:**

    a. La orientación del edificio.

    b. El tipo de suelo exterior.

    c. La humedad relativa, el aislamiento y la temperatura del aire.

    d. El color de las paredes.

6. **¿Cuál es el rango óptimo de humedad relativa para una vivienda saludable?**

    a. 20 % – 30 %

    b. 70 % – 90 %

    c. 40 % – 60 %

    d. 10 % – 20 %

7. **¿Qué afirmación describe mejor la ventilación natural?**

    a. Se realiza mediante la apertura de ventanas y rejillas.

    b. Solo es útil en climas fríos.

    c. Requiere instalaciones mecánicas complejas.

    d. Es perjudicial para el confort térmico.

8. **¿Qué tipo de ventilación garantiza una renovación continua del aire incluso con ventanas cerradas?**

    a. Ventilación por presión.

    b. Ventilación mecánica.

    c. Ventilación espontánea.

    d. Ventilación vertical.

9. **¿Qué problema puede surgir al mejorar el aislamiento sin contemplar la ventilación?**

    a. Disminución del consumo energético.

    b. Acumulación de humedad y aparición de moho.

    c. Aumento del nivel de CO_2 exterior.

    d. Mejora de la eficiencia acústica.

10. **¿Por qué el confort térmico se considera un parámetro subjetivo?**

    a. Porque solo depende del tipo de ropa.

    b. Porque intervienen múltiples factores, incluyendo la percepción personal.

    c. Porque solo se mide con sensores de CO_2.

    d. Porque se modifica según la altitud.

U. A. 2. Fuentes contaminantes

Introducción

La calidad del aire en espacios interiores tiene un impacto directo en la salud, el confort y el bienestar de las personas. A diferencia de lo que sucede con los espacios abiertos, los ambientes cerrados tienden a acumular diversos contaminantes, cuya presencia y concentración están determinadas por múltiples factores: desde los materiales de construcción y los productos de limpieza, hasta la ventilación, la humedad y las actividades cotidianas.

Esta unidad se centra en identificar las principales fuentes de contaminación en interiores, diferenciando entre contaminantes químicos, biológicos y otros (como partículas en suspensión o radón). Asimismo, se analizarán los factores que afectan la calidad del aire en espacios cerrados, como la temperatura, la humedad o la ventilación inadecuada. Comprender estos elementos resulta imprescindible para prescribir soluciones eficaces orientadas a lograr una vivienda saludable.

Objetivos

- Identificar las principales fuentes contaminantes presentes en espacios interiores.
- Diferenciar los tipos de contaminantes según su naturaleza: químicos, biológicos y físicos.
- Reconocer los efectos potenciales de cada contaminante sobre la salud humana.
- Analizar los factores que influyen en la calidad del aire en ambientes cerrados.

1. Introducción

El aire interior puede estar más contaminado que el aire exterior, incluso en entornos urbanos. Esta realidad, muchas veces desconocida, afecta a la salud de las personas, especialmente cuando se pasa la mayor parte del tiempo en espacios cerrados: viviendas, oficinas, escuelas o centros sanitarios. Las fuentes de contaminación en interiores son diversas y suelen acumularse, ya que el ambiente carece de mecanismos naturales de dispersión tan efectivos como en el exterior.

En este contexto, es esencial identificar los principales tipos de contaminantes que pueden encontrarse en ambientes interiores. Estos se clasifican habitualmente en tres grupos: contaminantes químicos, biológicos y físicos.

Fig. 1. Cada tipo de contaminante tiene características distintas, orígenes específicos y efectos particulares sobre la salud

Además, diversos **factores ambientales** como la ventilación, la humedad, la temperatura o la presencia de materiales sintéticos, inciden en la acumulación o dispersión de estos contaminantes. Reconocer estas variables resulta clave para cualquier intervención destinada a mejorar la salubridad de un espacio.

Anotación

La contaminación del aire interior es, en muchos casos, silenciosa e invisible. No siempre está acompañada de olores desagradables, humos perceptibles o molestias inmediatas, lo que contribuye a que pase desapercibida tanto en viviendas como en espacios laborales. Sin embargo, su efecto puede ser acumulativo y manifestarse progresivamente, sobre todo en personas con una mayor sensibilidad fisiológica o inmunológica.

Es fundamental entender que el concepto de "persona vulnerable" va mucho más allá de los grupos tradicionalmente citados (como niños pequeños o personas mayores). También deben considerarse en este grupo las mujeres embarazadas, por los efectos que los contaminantes pueden tener en el desarrollo fetal, las personas inmunodeprimidas (como quienes atraviesan tratamientos oncológicos o padecen enfermedades autoinmunes), y aquellas con enfermedades respiratorias, cardiovasculares o crónicas, como el asma, la EPOC, la fibromialgia o la sensibilidad química múltiple.

En estas personas, incluso niveles bajos y continuados de contaminantes químicos, biológicos o físicos pueden producir síntomas como cefaleas, irritaciones oculares, fatiga, insomnio, ansiedad, disnea o crisis alérgicas, que no se manifiestan en el resto de la población. Además, los entornos sobrecargados o mal ventilados pueden exacerbar síntomas psicológicos, como la agitación, la dificultad de concentración o el malestar emocional.

Por ello, cualquier intervención para lograr una vivienda o lugar de trabajo saludable debe partir del principio de precaución y diseñarse para garantizar el bienestar de las personas más sensibles.

2. Contaminantes químicos

Los **contaminantes químicos** en ambientes interiores provienen tanto de fuentes externas como de los propios materiales y productos utilizados en la vivienda o lugar de trabajo. Se trata de sustancias nocivas que, al acumularse, pueden afectar la salud humana por inhalación, contacto o incluso ingestión indirecta.

Algunos de los contaminantes químicos más frecuentes en interiores son:

- **Compuestos orgánicos volátiles (COVs):** Están presentes en pinturas, barnices, disolventes, adhesivos, productos de limpieza y ambientadores. Incluyen sustancias como el formaldehído, el benceno o el tolueno, muchas de ellas con efectos irritantes o cancerígenos.

- **Monóxido de carbono (CO):** Gas incoloro e inodoro que se genera por la combustión incompleta de combustibles fósiles en calefactores, cocinas de gas, calderas mal ventiladas o estufas defectuosas.

Fig. 2. La inhalación de monóxido de carbono puede ser letal incluso a concentraciones relativamente bajas

- **Dióxido de nitrógeno (NO$_2$):** Se produce en procesos de combustión y puede encontrarse en viviendas con cocinas a gas o estufas sin salida adecuada. Es un irritante respiratorio que agrava enfermedades como el asma.

- **Radón:** Gas radiactivo natural que se filtra desde el subsuelo y puede acumularse en viviendas mal ventiladas, especialmente en sótanos o plantas bajas. La exposición prolongada se asocia a un mayor riesgo de cáncer de pulmón.

- **Pesticidas y biocidas domésticos:** Utilizados para eliminar insectos o plagas, sus residuos permanecen en el ambiente y pueden ser perjudiciales, especialmente si se aplican en exceso o sin control.

Ejemplo

Pintar una habitación con pintura sintética sin ventilar adecuadamente puede elevar durante varios días los niveles de formaldehído y otros COVs, provocando irritación ocular, dolor de cabeza o malestar general.

Reducir la presencia de estos contaminantes requiere una estrategia combinada que incluya una buena ventilación, el uso de materiales certificados como de baja emisión y un control riguroso de las fuentes de combustión y productos químicos.

 Anotación

Algunos materiales etiquetados como "ecológicos" pueden seguir emitiendo compuestos químicos, aunque en menor medida. No basta con confiar en el marketing: es importante consultar certificaciones reales y contrastadas.

3. Contaminantes biológicos

Los **contaminantes biológicos** están compuestos por organismos vivos o partes de ellos que pueden generar efectos adversos en la salud. Se encuentran habitualmente en espacios con alta humedad, ventilación deficiente o condiciones higiénicas inadecuadas.

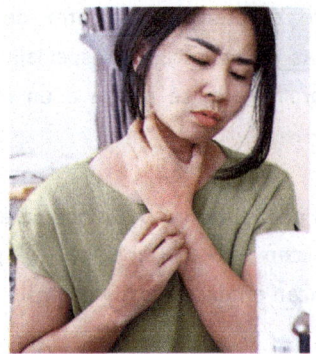

Fig. 3. Los contaminantes biológicos pueden provocar desde reacciones alérgicas leves hasta infecciones respiratorias graves

Anotación

Los sistemas de calefacción por aire o los aparatos de aire acondicionado pueden actuar como difusores de agentes biológicos si no se realiza un mantenimiento periódico.

Entre los principales agentes biológicos presentes en ambientes interiores se encuentran:

- **Ácaros del polvo:** Son microscópicos y se desarrollan en colchones, alfombras, tapicerías y peluches. Su presencia está estrechamente relacionada con el nivel de humedad. Sus excrementos y restos son altamente alergénicos.
- **Esporas de moho y hongos:** Surgen en zonas húmedas y poco ventiladas (baños, cocinas, sótanos). Las esporas pueden inhalarse y provocar irritaciones, rinitis, asma o infecciones, dependiendo de la sensibilidad individual.
- **Bacterias:** Aunque muchas no representan un riesgo, algunas pueden proliferar en sistemas de aire acondicionado mal mantenidos o en superficies contaminadas, afectando especialmente a personas inmunodeprimidas.
- **Alérgenos de animales domésticos:** El pelo, la saliva o la caspa de mascotas puede actuar como alérgeno y mantenerse en suspensión mucho tiempo, incluso si el animal no está presente.
- **Polen:** Aunque es un contaminante exterior, puede introducirse por ventanas abiertas o en la ropa, afectando a personas alérgicas.

Ejemplo

En una vivienda con ventilación insuficiente y alta humedad relativa, es frecuente que se desarrollen hongos en juntas de baño o esquinas de techos, lo que contribuye a enfermedades respiratorias.

La prevención de estos contaminantes pasa por mantener una humedad relativa adecuada (entre el 40 % y el 60 %), asegurar una correcta ventilación cruzada y aplicar rutinas de limpieza regular con productos no agresivos.

4. Otros contaminantes

Existen otras formas de contaminación en ambientes interiores que no pueden clasificarse como estrictamente químicas o biológicas, pero que también afectan a la salud y al bienestar. Se trata de contaminantes físicos o de origen mixto, que actúan de forma silenciosa y prolongada.

Entre los más relevantes se encuentran:

- **Partículas en suspensión (PM10 y PM2.5):** Son pequeñas partículas sólidas o líquidas presentes en el aire que pueden inhalarse y llegar hasta los pulmones. Se generan por la combustión (estufas, velas, tabaco), la cocción de alimentos o la entrada de contaminación exterior. Las más finas (PM2.5) pueden atravesar la barrera alveolar y afectar al sistema cardiovascular.
- **Humo de tabaco:** Mezcla compleja de gases y partículas que permanece en el ambiente mucho después de haberse fumado.

Fig. 4. El humo del tabaco es altamente tóxico incluso en exposición pasiva (fumadores pasivos), especialmente para niños y personas con patologías respiratorias

Además de los efectos físicos y fisiológicos que pueden provocar los contaminantes presentes en el aire interior, el ambiente doméstico o laboral influye también en el estado psicológico y emocional de las personas. Un entorno cargado, ruidoso o con iluminación inadecuada puede generar malestar, estrés o incluso agravar trastornos de salud mental ya existentes.

Algunos de los **factores ambientales con mayor incidencia psicológica** son:

- **Contaminación acústica:** El ruido constante, incluso a niveles moderados, altera la concentración, dificulta el descanso y genera una sensación persistente de incomodidad. En espacios interiores, las fuentes más habituales son el tráfico exterior, los electrodomésticos, las conversaciones de vecinos o sistemas de ventilación ruidosos. A largo plazo, este tipo de contaminación se asocia a estrés crónico, irritabilidad, fatiga mental y disminución del rendimiento cognitivo.

- **Contaminación lumínica:** La sobreexposición a luz artificial, especialmente en horarios nocturnos, interfiere con la producción natural de melatonina, una hormona clave para el sueño. Dormitorios con luces de pantallas, cortinas poco opacas o dispositivos con indicadores LED pueden provocar insomnio, trastornos del ritmo circadiano y sensación de cansancio constante. Además, la iluminación blanca o azulada durante la noche puede aumentar la sensación de ansiedad.

- **Ambientes cargados o sobreestimulantes:** Espacios con mala ventilación, aire denso, acumulación de objetos, olores persistentes o exceso de estímulos visuales pueden generar ansiedad, agobio, sensación de encierro o dificultad para relajarse. Esta sobrecarga sensorial es especialmente relevante en viviendas pequeñas o mal organizadas.

 Ejemplo

Una persona que teletrabaja en una habitación con ruido constante de la calle, iluminación fría durante todo el día y sin ventilación natural puede experimentar agotamiento mental, dificultad para concentrarse y alteraciones en el sueño, incluso sin presentar síntomas físicos evidentes.

Fig. 5. El diseño de un ambiente saludable debe considerar también la calidad psicológica del espacio, incorporando estrategias que favorezcan el descanso, la tranquilidad y la percepción de bienestar

 **Ejemplo**

Cocinar a la plancha sin campana extractora genera partículas finas que quedan en suspensión y pueden causar molestias respiratorias, especialmente si se acumulan día tras día.

Mitigar estos contaminantes exige adoptar soluciones integradas: sistemas de filtrado del aire, ventanas de aislamiento acústico, reducción de fuentes de combustión en el hogar y una correcta iluminación ambiental, especialmente en dormitorios.

La siguiente tabla resumen relaciona los principales tipos de contaminantes en ambientes interiores con sus fuentes habituales y los efectos sobre la salud más comunes:

Tipo de contaminante	Ejemplos frecuentes	Fuentes habituales	Efectos sobre la salud
Químico	Formaldehído, benceno, tolueno, CO, NO₂	Pinturas, disolventes, mobiliario sintético, combustión de gas o madera	Irritación ocular y respiratoria, cefaleas, fatiga, riesgo cancerígeno
Biológico	Ácaros, moho, bacterias, caspa animal	Humedad elevada, mala ventilación, animales domésticos, falta de limpieza	Alergias, asma, rinitis, infecciones respiratorias
Físico / Particulado	PM2.5, PM10, humo de tabaco	Combustión, cocina sin extracción, velas, tabaco	Problemas pulmonares y cardiovasculares, empeoramiento del asma
Radiactivo	Radón	Filtración desde el subsuelo, especialmente en sótanos	Incremento del riesgo de cáncer de pulmón a largo plazo
Acústico	Ruido de tráfico, electrodomésticos	Entorno urbano, aislamiento deficiente, ventilación mecánica ruidosa	Estrés, trastornos del sueño, alteraciones cognitivas
Lumínico	Exceso de luz artificial, pantallas	Iluminación inadecuada, uso nocturno de pantallas sin regulación	Alteración del sueño, fatiga visual, trastornos del ritmo circadiano

Anotación

La presencia de varios tipos de contaminantes al mismo tiempo (por ejemplo, humo de cocina + polvo + ruido) puede tener un efecto acumulativo, agravando los síntomas y dificultando su diagnóstico.

5. Factores que afectan la calidad del aire en ambientes cerrados

La calidad del aire interior no depende únicamente de la presencia o ausencia de contaminantes, sino también de una serie de **factores ambientales y de diseño** que inciden directamente en su concentración, dispersión y renovación. Conocer estos factores permite identificar carencias y aplicar soluciones adecuadas en proyectos de vivienda saludable.

Entre los principales factores que influyen en la calidad del aire en espacios cerrados destacan:

- **Ventilación insuficiente o inadecuada:** Es el factor más determinante. La falta de ventilación impide renovar el aire, lo que favorece la acumulación de contaminantes químicos, biológicos y partículas. Un sistema de ventilación natural cruzada o mecánica bien diseñado permite reducir esta concentración de forma efectiva.

- **Humedad relativa:** Una humedad muy alta (por encima del 60 %) favorece el desarrollo de moho, ácaros y bacterias. En cambio, una humedad demasiado baja (por debajo del 30 %) reseca las mucosas y puede agravar afecciones respiratorias. El equilibrio ideal está entre el **40 % y el 60 %**.

- **Temperatura interior:** Las temperaturas elevadas potencian la liberación de compuestos orgánicos volátiles (COVs) desde materiales sintéticos o productos de limpieza. Además, la combinación de calor y humedad favorece el crecimiento microbiano.

- **Materiales de construcción y mobiliario:** Muchos elementos como suelos laminados, tableros aglomerados o pinturas sintéticas pueden emitir contaminantes durante años. Optar por materiales certificados de baja emisión ayuda a minimizar este impacto.

- **Uso de productos de limpieza, cosméticos o ambientadores:** Estos productos, especialmente si son perfumados o en aerosol, liberan sustancias químicas volátiles que pueden acumularse en el ambiente. Su uso debe realizarse con ventilación adecuada.

- **Hábitos de los ocupantes:** Fumar en interiores, cocinar sin extractor, secar ropa en habitaciones sin ventilar o usar velas y estufas sin salidas de gases son hábitos que deterioran rápidamente la calidad del aire.

Ejemplo

En un hogar con ventanas cerradas todo el día, alfombra de lana, mascotas, limpieza con productos químicos y uso de velas aromáticas, la concentración combinada de contaminantes puede ser alta, aunque no haya síntomas visibles a corto plazo.

Fig. 6. Una vivienda bien diseñada desde el punto de vista de la calidad del aire interior contempla materiales saludables y una planificación de la ventilación y la humedad que permita un ambiente equilibrado de forma continua

Aplicar soluciones como **ventanas con microventilación, sistemas de ventilación mecánica controlada (VMC), controladores de humedad, purificadores de aire con filtros HEPA** y hábitos de uso saludables es clave para mantener una atmósfera interior adecuada.

Resumen

La presencia de contaminantes en el aire de espacios interiores es un fenómeno complejo que puede comprometer seriamente la salud de las personas expuestas, especialmente en viviendas u oficinas con ventilación deficiente o materiales inadecuados. En un entorno cerrado, la falta de renovación del aire facilita la acumulación de sustancias nocivas de diversa índole, que pueden ser clasificadas en tres grandes grupos: químicos, biológicos y otros contaminantes de carácter físico o mixto.

Los contaminantes químicos constituyen uno de los principales riesgos invisibles dentro del hogar. Entre ellos destacan los compuestos orgánicos volátiles (COVs), presentes en productos tan comunes como pinturas, disolventes, ambientadores o adhesivos. Estas sustancias se evaporan con facilidad, liberando gases que pueden provocar irritaciones, alteraciones neurológicas o incluso efectos cancerígenos en exposiciones prolongadas. También se encuentran en esta categoría gases peligrosos como el monóxido de carbono, que se genera por combustiones incompletas y resulta extremadamente tóxico, y el dióxido de nitrógeno, presente en sistemas de calefacción o cocinas a gas. Otro contaminante relevante es el radón, un gas radiactivo de origen natural que se infiltra desde el subsuelo y que puede acumularse en viviendas mal ventiladas.

Por otro lado, los contaminantes biológicos abarcan una amplia gama de microorganismos y partículas de origen vivo que afectan al sistema respiratorio y al sistema inmunológico. Entre los más frecuentes se encuentran los ácaros del polvo, que proliferan en tejidos y ambientes húmedos; las esporas de moho, que crecen en zonas con condensación; bacterias asociadas a una limpieza inadecuada o sistemas de climatización mal mantenidos; y alérgenos derivados de mascotas. Todos ellos pueden agravar patologías como la rinitis, el asma o provocar infecciones más graves en personas vulnerables. Aunque de origen externo, el polen también puede considerarse un contaminante biológico en interiores si no se controla su entrada.

A esta clasificación se suman otros contaminantes que, sin ser químicos ni biológicos, afectan al confort y la salud. Las partículas en suspensión (PM10 y PM2.5), generadas por la cocina, el polvo o el humo, pueden penetrar en el sistema respiratorio y alcanzar los pulmones o la sangre. El humo de tabaco, compuesto por miles de sustancias tóxicas, permanece durante horas en el ambiente y representa una de las formas de contaminación interior más agresivas. También deben considerarse factores como la contaminación acústica, que provoca estrés y trastornos del sueño, y la contaminación lumínica, que afecta los ritmos circadianos y la calidad del descanso.

El comportamiento de estos contaminantes está condicionado por diversos factores ambientales. La ventilación es el principal regulador de la calidad del aire: su ausencia o mal diseño favorece la concentración de agentes nocivos. La humedad relativa es otro elemento clave, ya que tanto el exceso como el déficit favorecen problemas respiratorios o el crecimiento microbiano. La temperatura, por su parte, puede potenciar la emisión de compuestos desde materiales sintéticos. A ello se suma el papel de los materiales de construcción, el mobiliario y los productos de limpieza, que pueden ser fuentes directas de emisiones. Por último, los hábitos cotidianos, como fumar, cocinar sin extracción adecuada o el uso excesivo de productos químicos, determinan también el grado de contaminación del ambiente interior.

La comprensión de estas interacciones entre fuentes contaminantes y condiciones ambientales es fundamental para poder intervenir de forma efectiva en el diseño o rehabilitación de viviendas saludables, garantizando así un entorno interior más seguro y confortable.

Glosario

Ácaros del polvo

Microorganismos invisibles al ojo humano que habitan en colchones, alfombras y textiles. Sus restos y excrementos son altamente alergénicos.

Calidad del aire interior

Grado de pureza del aire dentro de espacios cerrados, determinado por la concentración de contaminantes, la ventilación, la humedad y la temperatura.

Compuestos Orgánicos Volátiles (COVs)

Sustancias químicas que se evaporan fácilmente a temperatura ambiente y que están presentes en pinturas, barnices, limpiadores y adhesivos. Algunos son tóxicos o cancerígenos.

Contaminantes biológicos

Agentes de origen natural como ácaros, mohos, bacterias o alérgenos de animales que pueden afectar negativamente a la salud humana.

Contaminantes químicos

Sustancias sintéticas o naturales como formaldehído, benceno, monóxido de carbono o dióxido de nitrógeno, que se emiten al aire desde productos, combustión o materiales.

Contaminantes físicos

Elementos no químicos ni biológicos como partículas en suspensión, ruido o iluminación artificial excesiva que afectan indirectamente al bienestar y la salud.

Humedad relativa

Proporción de vapor de agua presente en el aire en relación con su capacidad total de contenerlo. Niveles óptimos se sitúan entre el 40 % y el 60 %.

Moho

Tipo de hongo que se desarrolla en ambientes húmedos y mal ventilados. Sus esporas pueden inhalarse y provocar alergias o enfermedades respiratorias.

Monóxido de carbono (CO)

Gas incoloro e inodoro generado por la combustión incompleta de combustibles fósiles. Es muy tóxico e incluso letal en altas concentraciones.

Partículas en suspensión (PM10 / PM2.5)

Pequeñas partículas sólidas o líquidas que flotan en el aire y pueden ser inhaladas. Las más pequeñas pueden penetrar hasta los pulmones y el sistema circulatorio.

Radón

Gas radiactivo natural procedente del subsuelo, inodoro y potencialmente cancerígeno. Puede acumularse en sótanos y plantas bajas mal ventiladas.

Ventilación cruzada

Sistema natural de renovación del aire interior mediante la apertura de ventanas o entradas de aire en lados opuestos de un espacio, promoviendo la circulación efectiva del aire.

Ejercicios de autoevaluación

1. ¿Cuál de los siguientes es un contaminante químico frecuente en interiores?

    a. Polen.

    b. Formaldehído.

    c. Ácaros del polvo.

    d. Esporas de moho.

2. ¿Qué tipo de contaminante proviene de organismos vivos o de sus restos?

    a. Físico.

    b. Químico.

    c. Biológico.

    d. Gaseoso.

3. ¿Cuál de los siguientes factores favorece el crecimiento de moho y ácaros?

    a. Bajas temperaturas.

    b. Alta humedad relativa.

    c. Iluminación natural.

    d. Sonido ambiental.

4. ¿Qué gas tóxico e incoloro se genera por la combustión incompleta de gas o madera?

    a. Radón.

    b. Dióxido de carbono.

    c. Monóxido de carbono (CO).

    d. Ozono.

5. ¿Dónde suele encontrarse en mayor concentración el gas radón?

a. En sótanos o plantas bajas mal ventiladas.

b. En habitaciones con calefacción central.

c. En cocinas con campana extractora.

d. En baños con ventilación natural.

6. ¿Cuál de los siguientes NO es un contaminante biológico?

a. Esporas de hongos.

b. Ácaros.

c. Tolueno.

d. Caspa de animales.

7. ¿Qué efecto puede provocar la exposición prolongada a partículas PM2.5?

a. Reacciones dermatológicas.

b. Insomnio.

c. Problemas respiratorios y cardiovasculares.

d. Deshidratación.

8. ¿Qué combinación de temperatura y humedad favorece la liberación de COVs y crecimiento microbiano?

a. Frío y seco.

b. Frío y húmedo.

c. Calor y humedad.

d. Ventilación cruzada.

9. ¿Cuál es el rango ideal de humedad relativa en interiores para la salud?

    a. 10 % – 30 %

    b. 40 % – 60 %

    c. 60 % – 80 %

    d. 80 % – 90 %

10. ¿Qué contaminante se asocia a la combustión de tabaco y afecta también a fumadores pasivos?

    a. Dióxido de nitrógeno.

    b. Humo de tabaco.

    c. Polvo doméstico.

    d. Ozonizadores.

U. A. 3. Medidas y marco normativo

Introducción

El concepto de "casa sana" se articula en gran medida a través de la calidad del aire interior, la selección de materiales saludables y una planificación adecuada de los espacios. Sin embargo, todo ello debe sustentarse en herramientas técnicas objetivas y un marco legal que respalde su implementación.

Esta unidad aborda precisamente las medidas de evaluación y control de la calidad del aire interior, así como la normativa vigente que regula los aspectos ambientales y de salud en entornos residenciales y laborales. Conocer estos aspectos resulta esencial para realizar diagnósticos, proponer soluciones y garantizar que los proyectos de vivienda respeten los principios de sostenibilidad y salubridad.

Objetivos

- Conocer los principales métodos de control de la calidad del aire en espacios interiores.
- Identificar las normativas y legislaciones más relevantes en materia de calidad ambiental y vivienda saludable.
- Interpretar correctamente los resultados obtenidos a partir de instrumentos de medición o análisis.
- Relacionar las medidas técnicas con sus fundamentos legales, aplicándolos a la evaluación y prescripción de soluciones para viviendas saludables.

1. Métodos de control de la calidad del aire

El control de la **calidad del aire interior** es una herramienta esencial para preservar la salud y el bienestar de las personas en espacios cerrados. El aire que se respira en el hogar o en el lugar de trabajo puede estar cargado de contaminantes físicos, químicos o biológicos que no siempre resultan perceptibles, pero que pueden tener efectos a corto o largo plazo sobre la salud.

Fig. 1. Existen diferentes métodos y tecnologías de evaluación que permiten diagnosticar el estado del aire en ambientes interiores y adoptar decisiones fundamentadas para su mejora

Entre los procedimientos más comunes para el control de la calidad del aire destacan los siguientes:

- **Medición directa con equipos portátiles:** Consiste en la utilización de instrumentos específicos que detectan en tiempo real ciertos parámetros clave como el dióxido de carbono (CO_2), monóxido de carbono (CO), compuestos orgánicos volátiles (COV), formaldehído, partículas en suspensión (PM2.5 y PM10), temperatura y humedad relativa. Son útiles para realizar controles puntuales o inspecciones preliminares.

Fig. 2. Un medidor portátil de calidad del aire interior suele medir parámetros como dióxido de carbono, compuestos orgánicos volátiles totales, partículas en suspensión, temperatura y humedad relativa

- **Muestreo pasivo o activo:** Este método implica recoger una muestra de aire durante un período determinado, que luego se analiza en laboratorio. Es común en la detección de contaminantes químicos persistentes o en estudios microbiológicos. Permite una caracterización más precisa que los sensores portátiles.

- **Monitoreo continuo:** Se utilizan estaciones de medición que registran los datos de forma constante durante varios días o semanas. Permite observar la evolución de los parámetros ambientales, detectar patrones y establecer correlaciones con factores como la ventilación, la actividad humana o los materiales de construcción.

- **Inspección visual y evaluación cualitativa:** Aunque no se considera una técnica objetiva de medición, la observación directa del entorno (presencia de humedad, moho, materiales deteriorados, ventilación deficiente, olores persistentes...) es una herramienta inicial importante para detectar posibles fuentes de contaminación.

- **Modelización y simulación:** Mediante software especializado, es posible anticipar cómo circulará el aire en una estancia, cómo se dispersarán ciertos contaminantes o cómo influirán las características arquitectónicas en el confort ambiental. Este tipo de herramientas se emplean sobre todo en fases de diseño o rehabilitación.

Anotación

En proyectos de vivienda saludable, el uso combinado de varias técnicas permite obtener diagnósticos más completos y fiables. La triangulación de resultados ayuda a evitar errores o interpretaciones sesgadas.

Los métodos anteriores se utilizan para vigilar determinados indicadores ambientales, entre los que se destacan:

Parámetro	Valor recomendado*	Riesgos asociados a niveles altos
CO_2	< 1000 ppm	Fatiga, cefalea, baja concentración
PM2.5	< 10 µg/m³ (anual)	Afecciones respiratorias, cardiovasculares
Humedad	40%-60%	Moho, proliferación de ácaros
Temperatura	20-24 °C (invierno), 23-26 °C (verano)	Incomodidad térmica, fatiga
COV	< 300 µg/m³	Irritación, problemas neurológicos

Los datos anteriores son valores orientativos extraídos de fuentes como la OMS, la normativa UNE-EN 16798-1:2020 y recomendaciones de organismos de salud pública.

Algunas herramientas prácticas utilizadas por técnicos, arquitectos o profesionales del ámbito saludable son:

- Medidores portátiles multifunción (para CO_2, COV, temperatura, humedad).
- Detectores de formaldehído.
- Kits de muestreo microbiológico de aire y superficies.
- Cámaras termográficas (para detectar puentes térmicos y zonas de condensación).
- Anemómetros (para comprobar caudales de ventilación).

Fig. 3. Los anemómetros son un tipo de dispositivo muy común en estaciones meteorológicas y sistemas de control ambiental

En una reforma de vivienda donde se detectan quejas de olores persistentes y malestar general, un técnico realiza un muestreo activo con análisis de COVs. Los resultados revelan una alta concentración de benceno y tolueno provenientes de adhesivos usados en suelos sintéticos. Se decide sustituir dichos materiales por otros con bajo contenido en emisiones.

2. Legislación y marco normativo

La existencia de un marco normativo claro y actualizado es fundamental para garantizar que las viviendas y los espacios interiores cumplan unos requisitos mínimos de salubridad, seguridad y eficiencia ambiental. Este conjunto de leyes y normas establece criterios técnicos obligatorios o recomendados en relación con la calidad del aire interior, el uso de materiales, la ventilación, la eficiencia energética y otros factores que afectan al confort y la salud de los ocupantes.

Diversas normas y legislaciones regulan de forma directa o indirecta los aspectos relacionados con el ambiente interior en edificios.

Entre las más relevantes destacan:

- **Código Técnico de la Edificación (CTE):** Es el marco normativo básico que regula las exigencias que deben cumplir los edificios en España. En particular, el Documento Básico HS 3 "Calidad del aire interior" establece requisitos mínimos de ventilación y control de contaminantes, tanto en obra nueva como en rehabilitaciones.

- **Reglamento de Instalaciones Térmicas en los Edificios (RITE):** Establece las condiciones que deben cumplir las instalaciones de climatización, calefacción y ventilación para garantizar la eficiencia energética y la calidad del ambiente interior. Incluye criterios sobre caudales de ventilación, filtros y mantenimiento.

- **Normas UNE-EN de calidad del aire interior:** Estas normas técnicas, muchas de ellas armonizadas a nivel europeo, definen criterios de muestreo, medición y confort ambiental. Ejemplos clave son la UNE-EN 16798-1:2020 (condiciones interiores para diseño energético), la UNE-EN ISO 16000 (serie sobre medición de contaminantes en aire interior) y la UNE-EN 13779 (ventilación de edificios no residenciales).

 Anotación

Aunque algunas normas UNE no son de cumplimiento obligatorio, sí son referentes técnicos reconocidos por la administración y los tribunales, y suelen utilizarse como base para justificar decisiones técnicas en proyectos.

- **Ley 38/1999, de Ordenación de la Edificación (LOE):** Obliga a garantizar, entre otras cosas, la salubridad y la habitabilidad de los edificios.

Fig. 4. Las exigencias derivadas de la ley se concretan en el CTE y en los controles de calidad en obra

- **Normativa europea e internacional:** Organismos como la Organización Mundial de la Salud (OMS), la Agencia Europea de Medio Ambiente (AEMA) o el Consejo de la Unión Europea emiten directrices y límites recomendados sobre contaminantes interiores (como partículas, CO_2, COV o formaldehído), que, aunque no siempre tienen rango legal, sí influyen en el desarrollo de reglamentos nacionales.

En España, la regulación de la calidad ambiental en edificios depende de varios niveles:

- **A nivel estatal**, el Ministerio de Transportes, Movilidad y Agenda Urbana es responsable del CTE, mientras que el Ministerio para la Transición Ecológica y el Reto Demográfico participa en normativas energéticas y ambientales.
- **A nivel autonómico y local**, pueden establecerse ordenanzas o ayudas que fomenten la mejora de la calidad del aire interior, la rehabilitación energética o el uso de materiales saludables.

Ejemplo

Algunas comunidades autónomas otorgan subvenciones para reformas en viviendas que incluyan mejoras en ventilación natural o mecánica, renovación de carpinterías o sustitución de materiales con emisiones contaminantes por otros certificados.

Además de la normativa específica sobre edificación, conviene tener en cuenta la legislación relacionada con:

- **Prevención de riesgos laborales** (especialmente en locales de trabajo).
- **Protección de la salud pública** (normas sobre condiciones higiénico-sanitarias).
- **Normativa sobre productos de construcción**, en especial el Reglamento (UE) Nº 305/2011, que establece condiciones armonizadas para la comercialización de productos con marcado CE.

 Ejemplo

Sofía y Luis han adquirido un ático de 60 m² en un edificio construido en 1981. Durante los primeros meses de uso, notan olores persistentes, humedad en las esquinas y una sensación general de malestar. Encargan una reforma integral que incluye nuevas ventanas, aislamiento térmico y mejora de la ventilación.

El técnico responsable aplica el Código Técnico de la Edificación (CTE), DB HS 3, para definir los caudales mínimos de ventilación, justificando además las soluciones adoptadas en base al RITE, que regula el comportamiento de las instalaciones térmicas.

Para la elección de materiales, recurre a fichas técnicas y certificados basados en normas como la UNE-EN ISO 16000, que establece criterios para la medición de contaminantes en aire interior. De esta forma, se prescriben acabados de bajo contenido en COV.

Además, revisa las ayudas ofrecidas por la comunidad autónoma, que incentivan reformas que mejoran la eficiencia energética y la calidad ambiental interior, permitiendo a Sofía y Luis acceder a una subvención parcial para la obra.

Resumen

El control de la calidad del aire interior es un aspecto clave en la construcción y rehabilitación de viviendas saludables. El aire que se respira en espacios cerrados puede contener una amplia variedad de contaminantes físicos, químicos y biológicos, cuya acumulación tiene efectos perjudiciales sobre la salud humana. Para evaluar su presencia y concentración, se emplean distintos métodos de control que permiten obtener información precisa y útil para la toma de decisiones técnicas.

Entre los procedimientos más habituales se encuentran las mediciones directas con equipos portátiles, los muestreos pasivos o activos con análisis en laboratorio, y la monitorización continua mediante sensores conectados. Estos métodos permiten controlar parámetros críticos como el nivel de dióxido de carbono, los compuestos orgánicos volátiles, las partículas en suspensión, la temperatura y la humedad relativa. Junto a estas técnicas, también se valora la inspección visual de humedades, condensaciones u olores persistentes, y en algunos casos se recurre a simulaciones digitales para anticipar el comportamiento del aire en un proyecto.

La interpretación de los resultados obtenidos debe contrastarse con valores de referencia definidos por organismos internacionales, como la Organización Mundial de la Salud, o por normas técnicas como la UNE-EN 16798-1:2019. Estos valores ayudan a establecer límites aceptables de exposición a contaminantes y niveles óptimos de confort ambiental, tanto en viviendas como en espacios de uso colectivo.

La aplicación de estos métodos debe enmarcarse dentro de la legislación vigente. En España, el Código Técnico de la Edificación (CTE), y en particular su Documento Básico HS 3, establece las condiciones mínimas de calidad del aire interior mediante exigencias de ventilación y extracción. A esto se suma el Reglamento de Instalaciones Térmicas en los Edificios (RITE), que regula el diseño y mantenimiento de sistemas de climatización para garantizar la eficiencia energética y el confort. Ambos documentos tienen carácter obligatorio en obra nueva y en determinadas reformas.

Además, existen numerosas normas UNE-EN que, aunque no siempre son de obligado cumplimiento, constituyen una referencia técnica esencial para justificar soluciones en proyectos de edificación. Estas normas aportan criterios detallados sobre métodos de ensayo, límites de exposición y condiciones ambientales recomendadas. También debe considerarse el marco legal europeo, como el Reglamento 305/2011 sobre productos de construcción, que exige el marcado CE para materiales que influyen en la salud del aire interior.

Por último, tanto a nivel estatal como autonómico y municipal, existen instrumentos normativos y subvenciones que promueven el uso de materiales saludables, la mejora de la ventilación y la eficiencia energética, en coherencia con los objetivos de habitabilidad, sostenibilidad y salud pública.

Glosario

Calidad del aire interior

Conjunto de condiciones físicas, químicas y biológicas del aire dentro de un edificio que influyen en la salud y el confort de los ocupantes.

COV (Compuestos Orgánicos Volátiles)

Sustancias químicas que se evaporan fácilmente a temperatura ambiente, presentes en pinturas, barnices, disolventes, adhesivos, etc. Algunos pueden ser tóxicos o cancerígenos.

PM2.5 y PM10

Partículas en suspensión de tamaño inferior a 2,5 y 10 micras, respectivamente. Su inhalación puede provocar problemas respiratorios y cardiovasculares.

CO_2 (Dióxido de carbono)

Gas natural producido por la respiración humana. Altas concentraciones en interiores indican deficiente ventilación.

Muestreo activo/pasivo

Técnicas de recogida de aire para su análisis. El muestreo activo implica aspiración forzada con bomba, el pasivo utiliza la difusión natural del aire.

Monitorización continua

Registro ininterrumpido de parámetros ambientales mediante sensores que permiten detectar variaciones a lo largo del tiempo.

CTE (Código Técnico de la Edificación)

Marco normativo básico que establece las exigencias que deben cumplir los edificios en España en materia de seguridad, habitabilidad y eficiencia energética.

HS 3

Documento básico del CTE que regula los requisitos mínimos de calidad del aire interior en edificios, incluyendo ventilación y extracción de contaminantes.

RITE (Reglamento de Instalaciones Térmicas en los Edificios)

Normativa que regula el diseño, instalación y mantenimiento de sistemas de calefacción, refrigeración y ventilación.

Normas UNE-EN

Conjunto de normas técnicas europeas adoptadas por España que proporcionan especificaciones de medición, ensayo y calidad en diferentes sectores, incluida la edificación.

Formaldehído

COV ampliamente utilizado en materiales de construcción (como tableros de madera aglomerada) y productos domésticos. Clasificado como carcinógeno.

Ventilación mecánica controlada (VMC)

Sistema que introduce y extrae aire mediante equipos automatizados, garantizando una renovación continua y controlada del aire interior.

Salubridad

Condición de un espacio que no representa riesgo para la salud, de acuerdo con criterios establecidos en la normativa.

Directiva europea

Norma jurídica obligatoria para los Estados miembros de la Unión Europea, que deben adaptarla a sus respectivas legislaciones nacionales.

Marcado CE

Etiqueta que indica que un producto de construcción cumple con los requisitos esenciales de seguridad y salud establecidos por la normativa europea.

Ejercicios de autoevaluación

1. **¿Qué instrumento se utiliza comúnmente para medir en tiempo real la concentración de CO_2 en interiores?**

   a. Cámara termográfica.
   b. Medidor portátil.
   c. Muestreador pasivo.
   d. Estufa de pellet.

2. **¿Cuál de los siguientes valores se considera un límite razonable para la concentración de CO_2 en espacios cerrados?**

   a. 5000 ppm.
   b. 2000 ppm.
   c. 1000 ppm.
   d. 200 ppm.

3. **¿Qué parámetro se asocia con mayor riesgo de afecciones respiratorias y cardiovasculares?**

   a. Temperatura.
   b. PM2.5.
   c. COV.
   d. CO_2.

4. **¿Qué norma del Código Técnico de la Edificación regula la calidad del aire interior?**

   a. DB HE 1.
   b. DB SI 5.
   c. DB HS 3.
   d. DB SE AE.

5. **¿Cuál es el rango de humedad relativa recomendado en interiores para evitar la proliferación de moho?**

   a. 20%-30%
   b. 30%-40%
   c. 60%-80%
   d. 40%-60%

6. **¿Qué técnica permite recoger aire para su posterior análisis en laboratorio?**

   a. Medición continua.
   b. Inspección visual.
   c. Muestreo activo o pasivo.
   d. Modelización por software.

7. **¿Cuál de las siguientes afirmaciones es cierta respecto a la UNE-EN 16798-1:2019?**

   a. Es de aplicación exclusiva en exteriores.
   b. Establece condiciones interiores para el diseño energético.
   c. Sustituye al CTE.
   d. Solo es obligatoria en industrias.

8. **¿Qué ley obliga a garantizar la salubridad y habitabilidad en edificaciones?**

   a. Ley de Costas.
   b. Ley 38/1999, de Ordenación de la Edificación (LOE).
   c. Ley de Arrendamientos Urbanos.
   d. Ley de Prevención de Riesgos Laborales.

9. ¿Qué parámetro se mide con un anemómetro?

    a. Nivel de ruido.

    b. Caudal de ventilación.

    c. Temperatura superficial.

    d. COV.

10.¿Cuál de estos agentes es considerado un contaminante químico del aire interior?

    a. Formaldehído.

    b. Moho.

    c. Polen.

    d. Ácaros.

U. A. 4. Etiquetado ambiental

Introducción

En el contexto de la edificación saludable y la sostenibilidad, el etiquetado ambiental se ha consolidado como una herramienta esencial para identificar productos y materiales que cumplen con ciertos criterios ecológicos, energéticos y de salud. Estos sistemas de etiquetado permiten a profesionales, consumidores y prescriptores tomar decisiones informadas en base a la trazabilidad ambiental del producto durante su ciclo de vida, desde la extracción de materias primas hasta su eliminación o reciclaje.

Este tipo de certificación resulta especialmente relevante en el ámbito de la construcción, donde la elección de materiales y productos puede influir significativamente en la calidad del aire interior, el consumo energético, el impacto ambiental global y, en última instancia, en la salud de las personas. La unidad aborda los conceptos generales, los tipos de etiquetas existentes y su función diferenciadora, así como los principales sellos y certificaciones reconocidas a nivel nacional e internacional, facilitando la prescripción de materiales saludables y sostenibles en proyectos constructivos.

Objetivos

- Comprender el concepto y la finalidad del etiquetado ambiental en el sector de la edificación.
- Identificar los principales tipos de etiquetas ambientales y sus características diferenciadoras.
- Reconocer las certificaciones más relevantes aplicadas a productos y materiales de construcción.
- Valorar el papel del etiquetado como criterio de sostenibilidad y salud en la prescripción técnica de una obra.

1. Conceptos generales

El **etiquetado ambiental** consiste en un sistema de información que comunica al usuario final las características ecológicas o de sostenibilidad de un producto, proceso o servicio. Su objetivo principal es promover la transparencia en el mercado y fomentar decisiones de consumo más responsables desde el punto de vista ambiental y de salud.

En el ámbito de la construcción y la vivienda saludable, el etiquetado ambiental se convierte en una herramienta clave para:

- Reducir el impacto ambiental de los materiales empleados en la edificación.
- Evitar sustancias peligrosas o contaminantes en interiores.
- Fomentar el uso de productos reciclables, renovables o de bajo impacto energético.
- Facilitar el cumplimiento normativo y las exigencias en eficiencia energética o certificaciones sostenibles.

Existen diferentes enfoques según el tipo de etiqueta, pero en general se centran en criterios de ciclo de vida del producto, que incluyen aspectos como:

- Extracción de materias primas.
- Procesos de fabricación.
- Transporte y distribución.
- Uso y mantenimiento.
- Fin de vida útil: reciclabilidad o eliminación.

Fig. 1. El etiquetado ambiental en la edificación cobra un papel estratégico al combinar salud, sostenibilidad y eficiencia energética

Anotación

El etiquetado ambiental no es exclusivo del sector de la construcción. También es común en alimentación, productos de limpieza, electrodomésticos o cosmética.

2. Tipos y características

Los sistemas de etiquetado ambiental se clasifican comúnmente en tres grandes tipos, según la Organización Internacional de Normalización (ISO), en su serie de normas ISO 14020:

- **Tipo I (ISO 14024)**: Son etiquetas voluntarias otorgadas por un organismo independiente. Certifican que un producto cumple con una serie de criterios ambientales predefinidos. Este tipo de etiqueta se basa en el análisis del ciclo de vida y la comparación entre productos similares.

Ejemplo

Ejemplos son Etiqueta Ecológica Europea (Ecolabel), Ángel Azul (Alemania), NF Environnement (Francia).

- **Tipo II (ISO 14021)**: Son autodeclaraciones ambientales realizadas por los propios fabricantes, sin verificación externa obligatoria. Informan sobre aspectos específicos del producto (por ejemplo, "100 % reciclable", "fabricado con energía renovable").

Fig. 2. Estas etiquetas pueden inducir a error si no se regulan adecuadamente, por lo que requieren un conocimiento crítico por parte del consumidor o prescriptor

- **Tipo III (ISO 14025)**: Son **declaraciones ambientales verificadas** que presentan datos cuantificados sobre el impacto ambiental del producto a lo largo de su ciclo de vida, sin emitir juicios de valor. Se basan en **análisis de ciclo de vida (ACV)** y normas específicas del sector. Suelen expresarse en forma de **fichas técnicas ambientales** y se emplean sobre todo en productos de construcción y arquitectura sostenible.

Una baldosa cerámica que lleva una Declaración Ambiental de Producto (DAP) tipo III incluirá información precisa y verificada sobre su huella de carbono, consumo de agua, potencial de reciclaje, etc., pero no dirá si es "buena" o "mala" para el medio ambiente: esa valoración queda en manos del prescriptor o técnico.

Además de estas categorías normalizadas, existen **sellos o certificaciones privadas** (como Cradle to Cradle, FSC, PEFC, etc.) que, si bien no se ajustan estrictamente a los tipos ISO, cumplen funciones similares de **garantía y trazabilidad ambiental**.

Para facilitar la comprensión de las diferencias entre los **tres tipos de etiquetado ambiental** establecidos por la Organización Internacional de Normalización (ISO), se presenta a continuación una tabla comparativa:

Tipo	Norma ISO	Características	Entidad emisora	Ejemplos
Tipo I	ISO 14024	Etiquetas voluntarias basadas en criterios múltiples y comparativos; se otorgan a productos que cumplen con estándares ambientales predefinidos.	Organismo independiente	Etiqueta Ecológica Europea (Ecolabel), Ángel Azul, NF Environnement
Tipo II	ISO 14021	Autodeclaraciones ambientales del propio fabricante. No requieren verificación externa. Centran la atención en un atributo concreto ("reciclable", "bajo consumo").	Fabricante o proveedor	"100 % reciclable", "libre de ftalatos", "fabricado con energía verde"
Tipo III	ISO 14025	Declaraciones cuantificadas verificadas. Basadas en análisis del ciclo de vida (ACV). Presentan datos técnicos sin hacer juicios de valor.	Entidad verificadora acreditada	Declaración Ambiental de Producto (DAP) para materiales de construcción, fichas ambientales técnicas

3. Certificaciones

Las **certificaciones ambientales** son sistemas de evaluación y verificación externa que garantizan que un producto, material o sistema cumple con unos criterios establecidos de sostenibilidad, salud o eficiencia energética. Estas certificaciones otorgan credibilidad, transparencia y confianza en los procesos constructivos, facilitando a técnicos y consumidores la prescripción de soluciones más responsables.

En el contexto de la edificación y la vivienda saludable, estas certificaciones pueden aplicarse a materiales individuales, a productos industriales, o incluso a edificios completos, dependiendo del enfoque del sistema.

A continuación, se presentan algunas de las certificaciones más relevantes en el ámbito del hábitat saludable y la construcción sostenible:

- **Etiqueta Ecológica Europea (Ecolabel)**: Otorgada por la Unión Europea, certifica productos y servicios que tienen un impacto ambiental reducido a lo largo de su ciclo de vida.

Fig. 3. La etiqueta Ecolabel se aplica a pinturas, barnices, suelos, colchones, etc.

- **Cradle to Cradle (C2C)**: Evalúa productos según cinco categorías: salud de los materiales, reutilización de materiales, energía renovable, gestión del agua y justicia social. Promueve una economía circular.
- **FSC (Forest Stewardship Council)** y **PEFC (Programme for the Endorsement of Forest Certification)**: Certifican que la madera y derivados provienen de bosques gestionados de forma sostenible.

Una tarima de madera con sello FSC garantiza que la materia prima se ha extraído de un bosque gestionado de forma responsable, sin contribuir a la deforestación ni a la pérdida de biodiversidad.

- **LEED (Leadership in Energy and Environmental Design)**: Sistema internacional que evalúa la sostenibilidad de los edificios teniendo en cuenta factores como eficiencia energética, uso del agua, selección de materiales, calidad ambiental interior y localización.

- **BREEAM (Building Research Establishment Environmental Assessment Method)**: Similar a LEED, pero desarrollado en Reino Unido.

Fig. 4. BREEAM evalúa el comportamiento ambiental del edificio en fases de diseño, construcción y uso

- **VERDE (Valoración de Eficiencia de Referencia de Edificios)**: Sistema español creado por el Green Building Council España. Se adapta a normativas locales y evalúa aspectos como consumo energético, confort, residuos, etc.

- **WELL Building Standard**: Enfocado principalmente en la **salud y bienestar de los ocupantes**, analiza aspectos como la calidad del aire, el confort térmico, la iluminación natural, el ruido o la nutrición.

 Anotación

Mientras que LEED, BREEAM y VERDE se centran en el impacto ambiental del edificio, WELL pone el foco en el usuario y su salud, lo que lo convierte en un complemento perfecto para el diseño de una casa sana.

Fig. 5. Las certificaciones descritas contribuyen a una cultura constructiva más consciente, permiten cumplir requisitos normativos o acceder a incentivos fiscales, y se valoran cada vez más en el mercado inmobiliario

Muchas de estas certificaciones requieren que los productos utilizados en la obra estén a su vez certificados o etiquetados. Por ello, la coherencia entre el material prescrito y la certificación del proyecto completo es clave en procesos de construcción sostenible.

Resumen

El etiquetado ambiental constituye una herramienta fundamental para promover la sostenibilidad en la construcción, al permitir identificar productos y materiales que presentan un menor impacto sobre el entorno y sobre la salud humana. Este tipo de etiquetado no se limita a informar sobre el origen o la composición de un material, sino que recoge datos técnicos y cualitativos relacionados con su comportamiento ambiental a lo largo del ciclo de vida, desde la extracción de materias primas hasta su gestión como residuo. Su función es ofrecer información transparente y normalizada que facilite decisiones responsables tanto a consumidores como a profesionales de la edificación.

El marco normativo internacional establece una tipología de etiquetas ambientales, estructurada en tres grandes grupos. Las etiquetas tipo I, según la norma ISO 14024, son aquellas certificadas por entidades independientes que verifican el cumplimiento de criterios ecológicos establecidos. Las de tipo II, contempladas en la ISO 14021, consisten en autodeclaraciones realizadas por el propio fabricante, sin verificación externa obligatoria, lo que exige una interpretación crítica de la información ofrecida. Por último, las de tipo III, definidas por la ISO 14025, recogen declaraciones ambientales objetivas basadas en análisis del ciclo de vida, expresadas en fichas técnicas normalizadas y verificadas por terceros.

Junto a esta clasificación normativa, existen certificaciones reconocidas internacionalmente que aplican estos principios para evaluar productos y edificios. Entre las más destacadas en el ámbito de los materiales de construcción se encuentran la Etiqueta Ecológica Europea, que valora el comportamiento ambiental global del producto; Cradle to Cradle, que promueve el diseño regenerativo; y los sellos FSC y PEFC, que aseguran la gestión forestal sostenible en materiales de origen vegetal. A nivel de edificio, certificaciones como LEED, BREEAM, VERDE o WELL establecen sistemas de puntuación complejos que evalúan desde el consumo energético y la eficiencia hídrica hasta el confort y la calidad ambiental interior, articulando una visión integral de la sostenibilidad.

Estas certificaciones no sólo orientan la elección de materiales saludables y eficientes, sino que también facilitan la adaptación de los proyectos a exigencias normativas, la obtención de subvenciones o incentivos fiscales, y la mejora del valor añadido de los inmuebles. En este contexto, el etiquetado ambiental se presenta como un criterio técnico indispensable para la prescripción responsable de soluciones constructivas en una vivienda saludable, integrando parámetros de salud, eficiencia y ecología en el diseño arquitectónico.

Glosario

BREEAM

Sistema de evaluación ambiental para edificios que mide el comportamiento ecológico en distintas fases del proyecto.

Certificación ambiental

Proceso mediante el cual una entidad independiente verifica que un producto, material o edificio cumple con criterios específicos de sostenibilidad, salud o eficiencia energética.

Ciclo de vida del producto

Enfoque que analiza el impacto ambiental de un producto desde la extracción de materias primas hasta su disposición final. Base de muchas certificaciones tipo III.

Cradle to Cradle (C2C)

Certificación que promueve el diseño circular de productos, valorando criterios como reutilización de materiales, energía renovable y salud de los materiales.

Declaración Ambiental de Producto (DAP)

Documento técnico normalizado que expone, de forma verificable, el comportamiento ambiental de un producto a lo largo de su ciclo de vida.

Etiqueta ambiental

Sistema de información que comunica las características ecológicas o sostenibles de un producto, proceso o servicio. Facilita decisiones de compra responsables y fomenta la sostenibilidad.

FSC / PEFC

Certificaciones forestales que garantizan que la madera proviene de bosques gestionados de manera sostenible y responsable.

ISO 14020

Serie de normas internacionales que regulan el etiquetado ambiental. Clasifica las etiquetas en tres tipos: I (certificación independiente), II (autodeclaraciones) y III (declaraciones verificadas).

LEED

Certificación internacional que evalúa la sostenibilidad global de un edificio, incluyendo energía, agua, materiales y entorno.

Tipo I (ISO 14024)

Etiquetas voluntarias otorgadas por terceros independientes, basadas en criterios ecológicos predefinidos. Ejemplo: Etiqueta Ecológica Europea (Ecolabel).

Tipo II (ISO 14021)

Autodeclaraciones ambientales realizadas directamente por los fabricantes, sin verificación externa. Requieren especial atención por parte del consumidor.

Tipo III (ISO 14025)

Declaraciones ambientales de producto (DAP) basadas en análisis de ciclo de vida, que ofrecen datos objetivos y cuantificados sin emitir juicios de valor.

VERDE

Certificación española que evalúa la eficiencia y el comportamiento ambiental de los edificios conforme a criterios adaptados al entorno nacional.

WELL

Certificación centrada en el bienestar y la salud de los ocupantes del edificio, evaluando parámetros como calidad del aire, iluminación, nutrición y confort.

Ejercicios de autoevaluación

1. ¿Cuál es el principal objetivo del etiquetado ambiental en el sector de la construcción?

    a. Mejorar la imagen de marca de las empresas.

    b. Facilitar la selección de productos sostenibles y saludables.

    c. Reducir los costes de fabricación.

    d. Sustituir las normas técnicas de calidad.

2. ¿Qué aspectos analiza habitualmente el etiquetado ambiental de tipo ciclo de vida?

    a. El marketing y el diseño gráfico del producto.

    b. Extracción, fabricación, uso y reciclaje del producto.

    c. Solamente el transporte y el embalaje.

    d. Solo el consumo energético durante su uso.

3. ¿Qué norma regula el etiquetado ambiental Tipo I?

    a. ISO 14024.

    b. ISO 14001.

    c. ISO 9001.

    d. ISO 50001.

4. ¿Qué caracteriza al etiquetado ambiental de Tipo II?

    a. Requiere verificación externa independiente.

    b. Está enfocado a edificios completos.

    c. Es una autodeclaración del fabricante.

    d. Es obligatorio por ley.

5. **¿Cuál de los siguientes es un ejemplo de etiquetado ambiental de Tipo III?**

    a. Etiqueta Ecológica Europea.
    b. Ángel Azul.
    c. Declaración Ambiental de Producto (DAP).
    d. Cradle to Cradle.

6. **¿Qué entidad concede la Etiqueta Ecológica Europea?**

    a. Naciones Unidas.
    b. Green Building Council.
    c. Unión Europea.
    d. ISO.

7. **¿Qué certificación promueve el diseño de productos reutilizables y la economía circular?**

    a. LEED.
    b. Cradle to Cradle (C2C).
    c. FSC.
    d. WELL.

8. **¿Qué certificación asegura que la madera proviene de bosques gestionados de forma sostenible?**

    a. BREEAM.
    b. FSC.
    c. DAP.
    d. Ecolabel.

9. **¿Qué sistema de certificación evalúa edificios teniendo en cuenta criterios como agua, energía y materiales?**

   a. LEED.
   b. WELL.
   c. ISO 14001.
   d. Cradle to Cradle.

10. **¿Qué sistema de certificación prioriza la salud y el bienestar de los ocupantes del edificio?**

   a. BREEAM.
   b. LEED.
   c. WELL.
   d. PEFC.

U. A. 5. Ambientes residenciales sanos

Introducción

La vivienda no es solo un espacio físico donde se desarrolla la vida cotidiana; es también un entorno determinante para la salud y el bienestar de las personas. La creciente evidencia científica sobre los efectos del hábitat doméstico en la salud ha impulsado nuevas normativas, metodologías y herramientas orientadas a crear ambientes residenciales más seguros, sostenibles y saludables. En esta unidad se exploran los elementos clave que configuran un entorno doméstico sano, prestando especial atención a la revisión normativa, a la identificación de materiales adecuados mediante plataformas especializadas y al análisis de modelos de vivienda saludable que sirvan de inspiración y guía en proyectos de reforma o construcción.

Este conocimiento resulta imprescindible para cualquier profesional que intervenga en el diseño, prescripción o ejecución de proyectos residenciales, ya que le permitirá valorar con criterio técnico y medioambiental las implicaciones sanitarias y ecológicas de las decisiones constructivas.

Objetivos

- Reconocer la normativa vigente relacionada con la salubridad en entornos residenciales.
- Identificar y utilizar plataformas de consulta sobre materiales saludables aplicables a viviendas.
- Analizar distintos modelos y perspectivas actuales sobre entornos domésticos saludables.
- Valorar las implicaciones del entorno residencial en la salud y calidad de vida de las personas.

1. Revisión de la normativa actual

El diseño y construcción de viviendas saludables está respaldado por un conjunto de **normativas y directrices** que buscan garantizar entornos seguros desde el punto de vista sanitario, medioambiental y de habitabilidad.

Fig. 1. Aunque no existe una única norma específica que defina el concepto de "casa sana", sí se recogen criterios de salubridad en diversas disposiciones legales a nivel nacional y europeo

Entre los documentos más relevantes se encuentran:

- **Código Técnico de la Edificación (CTE)**: Es la normativa de referencia en España para edificaciones nuevas y reformas sustanciales. En particular, el *Documento Básico HS – Salubridad* establece exigencias básicas sobre la calidad del aire interior, control de humedad, evacuación de residuos, agua potable y saneamiento. Este documento obliga a ventilar los espacios correctamente, a emplear soluciones constructivas que eviten condensaciones y humedades, y a prevenir contaminaciones.

- **Reglamento de Instalaciones Térmicas en los Edificios (RITE)**: Regula el diseño y mantenimiento de instalaciones térmicas, como calefacción, ventilación y aire acondicionado. Tiene implicaciones directas en el confort térmico y en la calidad del aire interior, ya que exige revisiones periódicas y filtros adecuados para evitar acumulaciones de contaminantes.

- **Directivas europeas sobre eficiencia energética y productos de construcción**: La normativa europea incide en que los materiales y productos empleados deben cumplir con criterios de sostenibilidad y baja emisión de sustancias nocivas. Destaca el *Reglamento de productos de construcción (UE) Nº 305/2011*, que exige que los materiales no perjudiquen la salud ni el medio ambiente.

- **Normas sobre compuestos orgánicos volátiles (COVs)**: Algunos materiales pueden emitir COVs, especialmente pinturas, adhesivos, barnices o moquetas. La legislación europea establece valores límite para estos compuestos, que deben ser respetados en los productos comercializados en la UE.

En muchos casos, estas normativas no obligan a elegir el material más saludable, sino que establecen valores máximos permitidos de toxicidad, emisiones o humedad. Por ello, el profesional debe ir más allá del mínimo legal y optar por soluciones que prioricen el bienestar a largo plazo.

Ejemplo

Una vivienda que cumpla el CTE pero utilice pinturas sintéticas con alto contenido en COVs puede considerarse legal, pero no necesariamente saludable. En cambio, el uso de pinturas minerales naturales reducirá significativamente el impacto en la calidad del aire interior.

2. Plataforma de materiales saludables

Para facilitar la selección de productos y materiales acordes con una vivienda sana, existen plataformas y herramientas digitales especializadas que ofrecen información técnica, criterios ambientales y certificaciones de salud para la construcción. Estas bases de datos permiten tomar decisiones informadas al momento de prescribir soluciones constructivas.

Entre las más relevantes se encuentran:

- **Base de datos BEDEC** del Instituto de Tecnología de la Construcción de Cataluña (ITeC): Recoge fichas técnicas de miles de productos constructivos, algunos de los cuales incluyen información ambiental y de sostenibilidad.

- **Plataforma de materiales saludables de Green Building Council España (GBCe)**: Promueve el uso de materiales que minimizan emisiones tóxicas, favorecen la eficiencia energética y se alinean con criterios de economía circular. Aporta guías y recursos sobre selección de materiales en proyectos de construcción sostenible.

- **Declaraciones Ambientales de Producto (DAP)**: Son documentos verificados que resumen el impacto ambiental de un producto a lo largo de su ciclo de vida. Algunas plataformas como INIES (Francia), Ökobaudat (Alemania) o ecoinvent (internacional) ofrecen acceso a bases de datos con miles de DAPs.

- **Healthy Product Declarations (HPDs)** y certificaciones como **Cradle to Cradle, Natureplus, Greenguard** o **Eurofins Indoor Air Comfort**: Estas etiquetas facilitan la identificación de productos con baja toxicidad y buena calidad del aire interior.

Fig. 2. La elección de materiales debe basarse no solo en el coste y la estética, sino también en su composición química, ciclo de vida, capacidad de reciclaje y emisión de contaminantes

Ejemplo

A la hora de elegir un revestimiento para el suelo, una moqueta convencional puede liberar COVs y acumular ácaros. Una alternativa saludable sería un suelo de linóleo natural con certificado Natureplus, que es antibacteriano, biodegradable y con baja emisión de sustancias volátiles.

3. Perspectiva y modelos existentes

La idea de una vivienda saludable ha ido evolucionando desde una visión centrada en la ausencia de insalubridad (humedades, contaminantes, ventilación deficiente) hacia una concepción integral del bienestar, que incorpora aspectos físicos, emocionales, sociales y medioambientales. En este contexto, han surgido modelos y enfoques diversos que ayudan a concretar el concepto de casa sana y orientan su diseño o reforma desde múltiples disciplinas.

Entre las principales perspectivas y modelos existentes, destacan:

- **Modelo del edificio pasivo (Passivhaus)**: Este estándar de origen alemán se centra en la eficiencia energética extrema y el confort térmico sin apenas consumo energético.

Fig. 3. El modelo de edificio pasivo requiere un alto nivel de aislamiento, ventanas de altas prestaciones y una ventilación mecánica controlada con recuperación de calor, lo que mejora notablemente la calidad del aire interior y evita patologías como mohos o condensaciones

- **Bioconstrucción**: En este enfoque, muy extendido en Europa, se prioriza el uso de materiales naturales, reciclables y sin tóxicos, como tierra, cal, madera no tratada o fibras vegetales. También se cuida la orientación solar, la relación con el entorno, los campos electromagnéticos y otros aspectos relacionados con la salud integral.

- **Diseño WELL**: Este sistema de certificación pone el foco en el impacto del entorno construido en la salud y bienestar de las personas. Considera factores como la calidad del aire, el confort térmico, la iluminación natural, el acceso al agua potable, la actividad física y la salud mental. Aunque surgió en el ámbito de oficinas, está siendo progresivamente adaptado a entornos residenciales.

- **Casa sana desde la medicina ambiental**: Algunos profesionales de la salud ambiental han desarrollado guías específicas para personas con síndrome de sensibilidad química múltiple (SQM), electrosensibilidad u otras patologías ambientales. En estos casos, se recomiendan viviendas sin emisiones, con materiales neutros, ventilación natural cruzada y sin elementos que generen campos electromagnéticos intensos.

- **Modelo de vivienda ecológica urbana**: Este enfoque busca compatibilizar las condiciones saludables con criterios de sostenibilidad urbana.

Fig. 4. El modelo de vivienda ecológica urbana se basa en el uso eficiente del espacio, la minimización de residuos, el acceso a zonas verdes y la implementación de tecnologías limpias para autoconsumo energético o reutilización de aguas grises

Recuerda

No existe un único modelo de casa sana, sino diferentes aproximaciones que pueden combinarse según el contexto, el presupuesto y las necesidades de los ocupantes. La clave está en adoptar un enfoque consciente y documentado que ponga la salud de las personas en el centro del proyecto.

A continuación, se expone un caso práctico: "Reforma en la calle Almendro, nº 12".

Lucía es arquitecta técnica y ha recibido el encargo de asesorar una reforma integral en una vivienda unifamiliar construida en los años 80. La propiedad, ubicada en una zona urbana, presenta problemas de condensación, olores persistentes y humedades en baños y dormitorios. Los propietarios desean aprovechar la reforma para convertirla en un hogar saludable, pero sin disparar los costes ni emplear soluciones radicales. Lucía deberá presentar una propuesta viable que combine criterios técnicos, normativos y de salud ambiental.

El diagnóstico inicial es el siguiente:

1. Sistema de ventilación inexistente (solo ventilación natural con ventanas abatibles).
2. Revestimientos plásticos y moquetas antiguas.
3. Pinturas sintéticas con olores perceptibles.
4. Carpintería metálica sin rotura de puente térmico.
5. Ausencia de aislamiento en muros de fachada y cubierta.

Lucía recurre al Documento Básico HS 3 del CTE para asegurar una ventilación adecuada. Propone instalar un sistema de ventilación mecánica con recuperación de calor, cumpliendo los caudales mínimos por estancia.

Selecciona los siguientes materiales:

1. Revestimientos de corcho natural y bambú prensado, certificados con etiqueta Natureplus.

2. Pinturas de silicato potásico, sin COVs y con propiedades fungicidas naturales.
3. Aislamiento térmico ecológico de celulosa insuflada en los muros.
4. Sustitución de las ventanas por carpintería de madera laminada con vidrio bajo emisivo.

Por otro lado, utiliza la plataforma BEDEC para comparar prestaciones técnicas y costes. Además, consulta DAPs para evaluar el impacto ambiental de los materiales. Además, Lucía toma como referencia un modelo Passivhaus adaptado al contexto urbano, integrando medidas de eficiencia energética sin renunciar al uso de materiales naturales propios de la bioconstrucción.

¿Cuáles son los resultados esperados?
Se espera mejorar la calidad del aire interior, reducir las pérdidas térmicas en invierno y evitar condensaciones, garantizando un entorno más sano para los ocupantes sin necesidad de una demolición completa.

Resumen

El concepto de vivienda saludable implica la creación de espacios habitacionales que no solo cumplan con las exigencias normativas mínimas, sino que favorezcan activamente el bienestar físico y mental de las personas. Para lograrlo, es imprescindible atender a diversos factores como la calidad del aire interior, la selección de materiales constructivos no tóxicos, el control de humedades, la eficiencia energética y la interacción entre el espacio físico y sus ocupantes. La normativa actual establece el marco básico desde el cual se deben proyectar y ejecutar los entornos residenciales, siendo el Código Técnico de la Edificación (CTE) la herramienta principal que regula los aspectos esenciales de salubridad, ventilación, evacuación de residuos o calidad del agua. Junto a este, el Reglamento de Instalaciones Térmicas (RITE) y la normativa sobre emisiones contaminantes como los compuestos orgánicos volátiles (COVs) también marcan pautas relevantes.

Sin embargo, la legislación establece solo los mínimos exigibles, por lo que resulta fundamental complementar su aplicación con herramientas que permitan tomar decisiones más saludables y sostenibles. En este sentido, las plataformas de materiales saludables ofrecen catálogos, bases de datos y fichas técnicas que permiten identificar productos bajos en emisiones, reciclables o certificados ambientalmente. Estas plataformas suelen incluir criterios de salud, medioambiente y durabilidad, así como referencias a declaraciones ambientales de producto (DAPs) o etiquetas reconocidas como Natureplus, Cradle to Cradle o HPDs.

La concepción de lo que constituye una "casa sana" no es homogénea, y existen diversos modelos de referencia que abordan este objetivo desde distintas perspectivas. El estándar Passivhaus prioriza la eficiencia energética y el confort térmico, mientras que la bioconstrucción pone el foco en la utilización de materiales naturales y el respeto al entorno. Por otro lado, la certificación WELL integra criterios de salud física y emocional, incorporando aspectos como la calidad del aire, la iluminación, el confort acústico o la estimulación del movimiento. Estos modelos pueden combinarse entre sí y adaptarse al contexto urbano, a la realidad climática o a las condiciones particulares de personas con hipersensibilidad ambiental, conformando un enfoque integral que considera tanto la dimensión técnica como la humana.

Glosario

Bioconstrucción

Corriente constructiva que utiliza materiales naturales, saludables y de bajo impacto ambiental, respetando tanto la salud humana como la del entorno.

Calidad del aire interior

Medida del grado de pureza del aire dentro de un espacio cerrado. Afecta directamente a la salud y puede verse alterada por compuestos químicos, humedad, moho o ventilación deficiente.

Casa sana

Vivienda diseñada y construida con criterios que favorecen la salud de sus habitantes, minimizando contaminantes, optimizando la ventilación y seleccionando materiales de bajo impacto ambiental.

Certificación WELL

Sistema de evaluación y certificación centrado en cómo los edificios afectan a la salud y el bienestar de sus ocupantes.

Código Técnico de la Edificación (CTE)

Conjunto de normas que regulan los requisitos básicos de seguridad y habitabilidad de los edificios en España, incluyendo el *Documento Básico HS – Salubridad*.

Compuestos orgánicos volátiles (COVs)

Sustancias químicas emitidas por muchos productos de uso doméstico y de construcción (pinturas, barnices, adhesivos, etc.) que pueden afectar la salud respiratoria.

Declaración Ambiental de Producto (DAP)

Documento verificado que resume el impacto ambiental de un producto durante todo su ciclo de vida, útil para seleccionar materiales sostenibles.

Documento Básico HS – Salubridad

Parte del CTE que regula aspectos como ventilación, humedad, salubridad del agua, evacuación de residuos y prevención de contaminantes en las viviendas.

Healthy Product Declaration (HPD)

Declaración voluntaria que informa sobre la composición química de un producto y su impacto potencial en la salud humana.

Natureplus

Sello europeo de calidad para productos de construcción especialmente sostenibles y saludables.

Passivhaus

Estándar de construcción centrado en la eficiencia energética y el confort térmico, mediante técnicas de aislamiento, estanqueidad y ventilación controlada.

Perspectiva ecológica urbana

Enfoque que integra salud, sostenibilidad y eficiencia en entornos residenciales urbanos, combinando soluciones ambientales con calidad de vida.

Plataforma de materiales saludables

Recurso digital que recoge información técnica y ambiental sobre productos constructivos, facilitando la selección de opciones menos contaminantes.

RITE (Reglamento de Instalaciones Térmicas en los Edificios)

Normativa que regula el diseño, instalación y mantenimiento de los sistemas de climatización y ventilación en edificios, clave para un ambiente interior saludable.

Sensibilidad química múltiple (SQM)

Trastorno ambiental que implica reacciones adversas del organismo ante bajas concentraciones de sustancias químicas cotidianas.

Ejercicios de autoevaluación

1. **¿Qué documento del Código Técnico de la Edificación trata específicamente sobre salubridad?**

   a. DB-SU Seguridad de uso.
   b. DB-HE Ahorro de energía.
   c. DB-HS Salubridad.
   d. DB-SI Seguridad en caso de incendio.

2. **El RITE regula principalmente:**

   a. Las instalaciones térmicas y de ventilación.
   b. Las condiciones estructurales de los edificios.
   c. Los residuos de obra.
   d. La orientación solar de las viviendas.

3. **¿Qué tipo de contaminante pretende controlar el uso de filtros en sistemas de ventilación mecánica?**

   a. Contaminantes radiactivos.
   b. Contaminantes acústicos.
   c. Contaminantes biológicos y químicos.
   d. Contaminantes visuales.

4. **¿Qué normativa europea establece los requisitos para los productos de construcción?**

   a. Directiva 2010/31/UE.
   b. Reglamento UE Nº 305/2011.
   c. Tratado de Ámsterdam.
   d. Convenio de Basilea.

5. ¿Qué compuesto se encuentra frecuentemente en pinturas y puede afectar a la salud?

    a. Dióxido de silicio.

    b. Compuestos Orgánicos Volátiles (COVs).

    c. Sulfato cálcico.

    d. Peróxido de hidrógeno.

6. Las Declaraciones Ambientales de Producto (DAP) permiten:

    a. Solicitar permisos de obra.

    b. Valorar la eficiencia energética de un inmueble.

    c. Conocer el impacto ambiental de un material.

    d. Determinar el precio de mercado de un producto.

7. ¿Qué base de datos ofrece información técnica y ambiental sobre productos constructivos en España?

    a. BEDEC del ITeC.

    b. ReVive.

    c. EcoCasa.

    d. HabitatLab.

8. ¿Cuál de las siguientes certificaciones garantiza baja emisión de contaminantes en interiores?

    a. LEED.

    b. BREEAM.

    c. Eurofins Indoor Air Comfort.

    d. ISO 9001.

9. **¿Qué caracteriza a una construcción según criterios de bioconstrucción?**

   a. Uso de hormigón prefabricado.

   b. Ventanas con triple vidrio sin control de emisiones.

   c. Empleo de materiales naturales y sin tóxicos.

   d. Priorizar estética frente a salud.

10. **¿Qué modelo se centra especialmente en eficiencia energética y confort térmico?**

   a. Biourbano.

   b. WELL.

   c. Eurohome.

   d. Passivhaus.

U. A. 6. Casa sana

Introducción

La vivienda es el entorno donde las personas pasan la mayor parte de su tiempo, ya sea descansando, trabajando o conviviendo. Por ello, la relación entre el espacio construido y la salud cobra una importancia central. Una casa sana no es solo un espacio libre de contaminantes, sino un lugar diseñado con criterios de sostenibilidad, confort, ventilación adecuada, uso de materiales no tóxicos y estrategias arquitectónicas que favorezcan el bienestar físico y mental.

Esta unidad tiene como propósito abordar qué entendemos por "casa sana", identificando las características que definen un entorno saludable tanto en viviendas como en espacios de trabajo. Se analizarán las claves para la prescripción adecuada de productos y técnicas constructivas en obras de reforma o nueva edificación, incorporando los principios del diseño saludable en todas las fases del proyecto.

La unidad culmina con una mirada práctica, orientada a aplicar estos conceptos en el desarrollo técnico y en el asesoramiento profesional para promover hábitats más saludables y sostenibles.

Objetivos

- Definir el concepto de "casa sana" y comprender su importancia en el ámbito residencial y laboral.
- Identificar las características de los lugares saludables para vivir y trabajar, incluyendo factores ambientales, constructivos y de diseño.
- Analizar los criterios esenciales para la prescripción técnica de una obra sana, desde la selección de materiales hasta el diseño funcional.
- Aplicar claves y recomendaciones básicas para incorporar la salud y el bienestar en el desarrollo de proyectos constructivos.

1. Lugares saludables para vivir y trabajar

Un lugar saludable es aquel que favorece el bienestar físico, mental y social de las personas que lo habitan o utilizan. En el contexto de la vivienda o el trabajo, esto implica mucho más que ausencia de contaminantes: se trata de construir y mantener entornos que respeten las necesidades humanas básicas y reduzcan los factores de riesgo para la salud.

La calidad del aire interior, la iluminación natural, la ventilación cruzada, el aislamiento acústico, la temperatura confortable y el uso de materiales no tóxicos son algunos de los elementos esenciales para alcanzar un entorno saludable.

Fig. 1. La organización espacial, el orden, el contacto con la naturaleza y la ergonomía también influyen directamente en la salud y el bienestar diario

Para evaluar si un lugar es saludable, se deben considerar al menos los siguientes factores:

- **Calidad del aire**: Espacios bien ventilados que eviten la acumulación de compuestos orgánicos volátiles (COVs), dióxido de carbono, polvo, moho y otros contaminantes.
- **Humedad relativa adecuada**: Entre el 40 % y el 60 % para evitar problemas respiratorios, hongos y ácaros.
- **Temperatura interior estable**: Entre 20 y 24 °C en invierno y entre 24 y 26 °C en verano, con buen aislamiento térmico.

- **Buena iluminación natural**: Acceso a luz solar directa o difusa, que ayuda al ritmo circadiano y reduce la necesidad de iluminación artificial.
- **Aislamiento acústico**: Reducción del ruido exterior y control del ruido interno para mejorar la concentración, el descanso y la salud mental.
- **Ausencia de materiales nocivos**: Eliminación o minimización de productos con formaldehído, ftalatos, pesticidas, fibras sintéticas, pinturas con disolventes, etc.
- **Espacios ordenados y funcionales**: Distribución coherente del mobiliario y zonas de uso, favoreciendo la circulación, la ergonomía y el orden visual.
- **Contacto con elementos naturales**: Integración de plantas, acceso visual a zonas verdes o materiales que evoquen la naturaleza (madera, piedra natural, etc.).

Anotación

La Organización Mundial de la Salud (OMS) considera que las condiciones del entorno construido afectan entre el 10 % y el 20 % de los problemas de salud crónicos no transmisibles en contextos urbanos.

Fig. 2. El concepto de espacio saludable también se aplica al entorno laboral

La ergonomía en los puestos de trabajo, la prevención de riesgos físicos y psicosociales, la ventilación adecuada en oficinas, talleres o centros educativos, así como la presencia de luz natural o la posibilidad de movilidad dentro del espacio, son factores claves que influyen en la productividad, la salud mental y la satisfacción laboral.

Ejemplo

Una oficina saludable puede incorporar ventanas practicables, materiales con baja emisión de COVs, vegetación interior, zonas de descanso, escritorios ajustables en altura y climatización regulada por zonas. Todos estos factores, integrados, promueven un entorno de trabajo saludable.

2. Propuesta y claves a considerar para prescribir una obra sana

La prescripción de una obra sana requiere integrar conocimientos técnicos, criterios de sostenibilidad y sensibilidad hacia los efectos del entorno construido sobre la salud humana. No basta con aplicar normativas mínimas: es necesario anticipar riesgos, seleccionar materiales saludables, y diseñar espacios que prioricen el bienestar de las personas a lo largo de todo el ciclo de vida del edificio.

Fig. 3. Una propuesta de obra sana debe partir de un enfoque preventivo y holístico, que contemple tanto los elementos constructivos como los sistemas de instalaciones, acabados y mobiliario

El objetivo es crear un ambiente interior saludable, eficiente y armónico, teniendo en cuenta tanto el entorno físico como las dinámicas sociales del espacio.

Entre las claves fundamentales a considerar en la prescripción de una obra saludable, se destacan las siguientes:

- **Elección de materiales saludables**: Preferencia por productos con bajo contenido de sustancias nocivas (como COVs, formaldehído o metales pesados). Es recomendable utilizar materiales certificados con etiquetas ecológicas (como *Cradle to Cradle, Etiqueta Ecológica Europea, FSC*, etc.).

Anotación

La prescripción saludable no se limita a materiales estructurales. También deben evaluarse los adhesivos, selladores, pinturas, barnices y textiles.

- **Ventilación natural y mecánica adecuada**: Diseñar sistemas que aseguren una renovación constante del aire interior. En climas templados, se priorizará la ventilación cruzada natural; en climas más cerrados o contaminados, se contemplarán filtros y control mecánico.
- **Control higrotérmico**: Incorporar aislamiento térmico y barreras de vapor correctamente dimensionadas, sistemas de calefacción y refrigeración eficientes, y control de humedad relativa.

- **Iluminación y orientación**: Favorecer el aprovechamiento de la luz natural mediante una buena orientación, distribución de huecos y protección solar (persianas, aleros, vegetación).

Fig. 4. Se deben evitar los contrastes excesivos y el deslumbramiento

- **Protección frente a contaminantes biológicos**: Impedir la acumulación de humedad que favorezca el desarrollo de hongos, ácaros y bacterias. Usar materiales que no absorban humedad y que sean fáciles de limpiar.

- **Diseño inclusivo y funcional**: Planificar espacios que se adapten a diferentes edades y capacidades, con buena accesibilidad, distribución funcional, ergonomía y seguridad.

- **Evaluación del impacto ambiental**: Reducir el impacto ecológico desde el origen de los materiales hasta el final de su vida útil, favoreciendo soluciones reciclables o biodegradables, y promoviendo la eficiencia energética.

 Ejemplo

En la reforma de una vivienda, prescribir un aislamiento térmico a base de lana de oveja sin tratamientos químicos, junto con pinturas naturales a base de silicato y un sistema de ventilación híbrido (natural-mecánico) mejora la calidad del aire interior sin aumentar la carga tóxica del edificio.

Además, es esencial contar con una memoria técnica que justifique cada una de las decisiones tomadas desde esta perspectiva saludable, para que puedan ser compartidas con la propiedad, el equipo de obra y los usuarios finales.

Fig. 5. La labor del técnico prescriptor no solo es seleccionar productos, sino orientar hacia decisiones conscientes y saludables en cada etapa del proceso constructivo

Para traducir estos principios a la práctica profesional, resulta útil identificar errores comunes en el diseño y la reforma de viviendas que comprometen la salud de sus ocupantes.

La siguiente tabla presenta algunos de estos errores habituales, sus consecuencias para el bienestar y las alternativas saludables que pueden considerarse en un proyecto técnico:

Error frecuente en diseño o reforma	Consecuencias para la salud o el confort	Alternativa saludable recomendada
Uso de materiales sintéticos sin etiquetado ambiental (PVC, pinturas acrílicas, aglomerados)	Emisión de COVs, formaldehído, ftalatos. Afecta al sistema respiratorio.	Elegir productos con etiquetas ecológicas (*Ecolabel*, *FSC*, pinturas minerales*)
Ventanas herméticas sin sistema de renovación de aire	Acumulación de CO_2, humedad y contaminantes en el interior	Incorporar microventilación o sistemas híbridos con extracción natural/mecánica
Superficies frías y mal aisladas (puentes térmicos)	Condensaciones, sensación de frío, moho	Añadir aislamiento continuo natural (corcho, celulosa, cáñamo, etc.)
Ausencia de espacios verdes o contacto con la naturaleza	Aumento del estrés, falta de estimulación sensorial positiva	Incorporar elementos vegetales, vistas al exterior o materiales biofílicos
Distribución interior rígida, sin considerar el uso real del espacio	Espacios poco funcionales, estrés por falta de adaptabilidad	Diseño flexible y ergonómico, adaptado a la actividad y al ciclo vital
Uso masivo de iluminación artificial fría y constante	Fatiga visual, alteración del ritmo circadiano	Combinar luz natural con luz artificial cálida, regulable y por zonas
Falta de separación entre zonas de descanso y zonas activas	Dificultad para conciliar el sueño o concentrarse	Zonas diferenciadas y uso de materiales absorbentes de sonido

Resumen

El concepto de casa sana responde a la necesidad de crear entornos construidos que favorezcan activamente la salud física, mental y social de las personas. Una vivienda saludable no se limita a cumplir las normativas básicas de habitabilidad, sino que incorpora criterios de calidad ambiental, eficiencia energética, elección consciente de materiales y diseño centrado en el bienestar humano. Tanto en espacios residenciales como laborales, la salud del entorno depende de múltiples factores que deben considerarse desde el inicio del proceso constructivo o de reforma.

Los lugares saludables son aquellos capaces de mantener una buena calidad del aire interior, controlar adecuadamente la humedad y la temperatura, ofrecer acceso a la luz natural y proteger frente al ruido. También son espacios libres de materiales contaminantes, organizados de forma ergonómica, con elementos naturales y una distribución funcional. El confort térmico, la ventilación eficaz y el uso de recursos de baja toxicidad son elementos fundamentales para reducir los riesgos asociados a enfermedades respiratorias, estrés, fatiga y otros trastornos vinculados al ambiente.

La prescripción técnica en una obra sana implica seleccionar productos y sistemas que minimicen los efectos negativos sobre la salud y el medio ambiente. Esta elección debe apoyarse en criterios como la baja emisión de compuestos orgánicos volátiles, la certificación ecológica de los materiales, la facilidad de limpieza, la capacidad de transpiración y la durabilidad sin riesgo de degradación tóxica. Además, el diseño debe permitir una buena ventilación natural o forzada, garantizar la protección frente a contaminantes biológicos y fomentar una relación armónica entre el interior y el exterior, tanto desde el punto de vista térmico como visual.

El confort ambiental es inseparable del diseño saludable. Iluminación adecuada, control acústico y condiciones térmicas estables son parte de una planificación que no solo busca eficiencia energética, sino también mejorar la experiencia cotidiana de las personas. Asimismo, el diseño debe atender a principios de accesibilidad universal, adaptándose a las distintas capacidades y edades de los ocupantes, y priorizar la inclusión y la seguridad.

Glosario

Aislamiento acústico

Sistema constructivo que evita o reduce la transmisión del sonido no deseado entre espacios.

Aislamiento térmico

Conjunto de materiales y técnicas destinados a reducir la transmisión de calor entre el interior y el exterior de una edificación.

Calidad del aire interior

Grado de pureza y confort del aire en espacios cerrados, determinado por la presencia o ausencia de contaminantes químicos, biológicos y físicos.

Compuestos Orgánicos Volátiles (COVs)

Sustancias químicas emitidas por numerosos materiales de construcción y productos de uso común, que pueden ser tóxicas y perjudiciales para la salud.

Confort térmico

Sensación de bienestar relacionada con la temperatura ambiente, la humedad, la velocidad del aire y la vestimenta, entre otros factores.

Diseño biofílico

Enfoque arquitectónico que busca integrar elementos naturales en los espacios construidos para mejorar la conexión entre las personas y la naturaleza.

Ergonomía

Disciplina que adapta el entorno, las herramientas y el diseño del espacio a las características y necesidades del ser humano, favoreciendo su comodidad y seguridad.

Etiqueta ecológica

Certificación oficial que indica que un producto cumple ciertos estándares ambientales durante todo su ciclo de vida.

Humedad relativa

Proporción de vapor de agua presente en el aire en relación con la cantidad máxima que podría contener a una temperatura dada. Un rango saludable se sitúa entre el 40 % y el 60 %.

Materiales saludables

Aquellos que no contienen sustancias tóxicas, son de bajo impacto ambiental y presentan una buena transpirabilidad, durabilidad y reciclabilidad.

Prescripción técnica

Proceso mediante el cual un profesional selecciona y justifica los materiales, sistemas y soluciones constructivas que se deben utilizar en una obra.

Ventilación cruzada

Sistema pasivo de renovación del aire interior mediante la apertura estratégica de ventanas u orificios enfrentados que permiten la entrada y salida natural del aire.

Ejercicios de autoevaluación

1. ¿Qué se entiende por un lugar saludable?

    a. Un espacio con buena decoración y acabados de lujo.

    b. Un entorno que favorece el descanso mediante elementos tecnológicos.

    c. Un lugar que favorece el bienestar físico, mental y social.

    d. Un espacio que reduce el uso de energía eléctrica.

2. ¿Cuál de estos factores contribuye a un ambiente saludable en interiores?

    a. Iluminación natural adecuada.

    b. Uso de moquetas sintéticas sin ventilación.

    c. Pinturas con disolventes.

    d. Cerramiento hermético sin renovación de aire.

3. ¿Qué rango de humedad relativa se considera saludable en interiores?

    a. 20 % – 30 %.

    b. 70 % – 90 %.

    c. 40 % – 60 %.

    d. 10 % – 25 %.

4. Una obra sana debe priorizar:

    a. Acabados decorativos de tendencia.

    b. Tecnología domótica en todos los espacios.

    c. Materiales no tóxicos y ventilación adecuada.

    d. Aislamiento acústico únicamente en dormitorios.

5. ¿Cuál de estos factores afecta negativamente a la calidad del aire interior?

    a. Ventilación cruzada.

    b. Uso de plantas naturales.

    c. Emisión de compuestos orgánicos volátiles (COVs).

    d. Iluminación LED de bajo consumo.

6. ¿Qué beneficio aporta la luz natural en un lugar saludable?

    a. Favorece el ritmo circadiano y reduce la necesidad de luz artificial.

    b. Aumenta la carga térmica del espacio.

    c. Mejora la visibilidad de pantallas.

    d. Sirve para reducir la contaminación acústica.

7. ¿Qué tipo de productos deben evitarse en una prescripción de obra saludable?

    a. Productos con etiqueta ecológica.

    b. Materiales certificados con bajo impacto ambiental.

    c. Pinturas con formaldehído y disolventes tóxicos.

    d. Aislamientos naturales como la fibra de madera.

8. ¿Qué elemento es deseable incorporar en oficinas saludables?

    a. Luces frías permanentes y sin ventanas.

    b. Vegetación interior y mobiliario ergonómico.

    c. Moquetas sintéticas y ventilación sellada.

    d. Escritorios fijos y sin posibilidad de ajuste.

9. ¿Qué certificación ecológica puede ayudar a elegir un material saludable?

    a. ISO 9001.

    b. CE (Conformidad Europea).

    c. Etiqueta Ecológica Europea.

    d. REACH.

10.¿Qué medida favorece una buena ventilación natural?

    a. Ventanas practicables en lados opuestos del edificio.

    b. Cerramiento estanco sin rejillas.

    c. Aire acondicionado sin renovación de aire.

    d. Cortinas gruesas y cerradas durante el día.

U. A. 7. Desarrollo práctico de un proyecto técnico sobre medidas para asesorar y realizar un proyecto de vivienda saludable

Introducción

Esta unidad marca el cierre práctico del curso, orientándose a la integración de todos los conocimientos adquiridos en las unidades anteriores para el diseño de un proyecto técnico realista de vivienda saludable. Este enfoque se basa en la idea de que la salud en los espacios habitados no depende únicamente del uso de materiales adecuados, sino de una visión integral del proyecto: desde la ventilación, orientación solar o tipos de cerramientos hasta la selección de productos con baja emisión de contaminantes.

Este proyecto práctico supone el paso de la teoría a la acción, exigiendo al profesional que analice, diagnostique, proponga y justifique medidas que garanticen una vivienda más sana para sus ocupantes. El objetivo es formar asesores y técnicos capaces de intervenir con criterios de sostenibilidad, eficiencia y bienestar, considerando tanto la legislación vigente como los parámetros técnicos y medioambientales actuales.

Objetivos

- Aplicar criterios técnicos y ambientales para diseñar espacios saludables dentro de un proyecto de vivienda.
- Elaborar un diagnóstico técnico sobre los factores que afectan a la salubridad en una vivienda.
- Proponer soluciones concretas y justificadas para mejorar la calidad del aire y el confort ambiental.
- Desarrollar un proyecto técnico básico que contemple medidas de mejora o rehabilitación desde una perspectiva de casa sana.

1. Desarrollo práctico de un proyecto técnico sobre medidas para asesorar y realizar un proyecto de vivienda saludable

El desarrollo de un proyecto técnico orientado a la creación de una vivienda saludable requiere un enfoque sistemático que combine diagnóstico, análisis y propuesta de intervención. Se trata de aplicar, de forma estructurada, los conocimientos adquiridos sobre calidad del aire, confort térmico, contaminantes, etiquetado ambiental y selección de materiales.

El proceso se puede abordar en **cuatro fases principales**, que permiten avanzar desde la observación inicial hasta una propuesta coherente y viable:

A. Recogida de información y análisis del contexto

Todo proyecto comienza con una **fase de recopilación de datos**, tanto del entorno como del interior del edificio.

Esto incluye:

- **Características constructivas**: tipo de materiales empleados, sistemas de ventilación, orientación, aislamiento, cerramientos.
- **Condiciones de uso**: número de personas, hábitos de ventilación, presencia de mascotas, productos de limpieza empleados, etc.
- **Ubicación y entorno**: presencia de fuentes de contaminación externa (tráfico, industrias), clima predominante o nivel de humedad habitual.

Fig. 1. Es fundamental realizar una observación técnica y objetiva, basada en inspecciones visuales, entrevistas con los usuarios y, si es posible, mediciones (como niveles de CO_2, temperatura, humedad relativa, etc.)

Muchas veces, problemas como la acumulación de compuestos orgánicos volátiles (COV) o la humedad oculta no se detectan a simple vista.

Ejemplo

Una familia de cuatro miembros (dos adultos, dos niños) vive en un piso de 85 m² en una ciudad de clima húmedo, en una segunda planta con orientación norte. La vivienda tiene cerramientos antiguos con escaso aislamiento, ventanas de aluminio sin rotura de puente térmico y ventilación exclusivamente por apertura manual de ventanas. En el dormitorio principal se ha notado olor a humedad, especialmente en invierno. Se utilizan productos convencionales de limpieza, ambientadores eléctricos y velas aromáticas.

Fig. 2. Un error común en la fase de análisis del contexto es confiar únicamente en la apariencia visual

B. Diagnóstico técnico de salubridad

Con la información obtenida, el siguiente paso es **identificar los factores de riesgo** que comprometen la salubridad del ambiente interior.

Para ello, se analizan aspectos como:

- **Presencia de contaminantes químicos**, por ejemplo, pinturas con formaldehído, productos de limpieza convencionales o mobiliario con emisiones tóxicas.
- **Contaminantes biológicos**, como hongos, bacterias o ácaros, relacionados con deficiente ventilación o humedad elevada.
- **Otros contaminantes**, entre ellos, campos electromagnéticos, partículas en suspensión o ruido persistente.

A partir del análisis, se formula un **diagnóstico argumentado**, que pone en evidencia los elementos que deben corregirse, así como las prioridades de intervención.

 Ejemplo

Tras el análisis, se detectan varias problemáticas:

- Niveles elevados de humedad relativa (>70%) y condensación en paredes frías orientadas al norte.
- Presencia visible de moho en la esquina del dormitorio principal.
- Empleo de ambientadores y productos de limpieza con compuestos químicos volátiles.
- Ausencia de ventilación cruzada o mecánica.

Se diagnostica una ventilación inadecuada, agravada por el aislamiento deficiente y el uso de productos con emisiones contaminantes.

C. Propuesta de medidas de mejora

La tercera fase consiste en **formular medidas correctoras y preventivas** ajustadas al diagnóstico.

Estas medidas deben ser:

- Técnicamente viables.
- Alineadas con la normativa vigente y principios de edificación sostenible.
- Expresadas con claridad y justificación técnica.

Las medidas pueden agruparse en varias categorías:

- **Intervenciones pasivas**, como la sustitución de materiales (pinturas ecológicas, aislamientos sin fibras nocivas), instalación de ventilación natural, persianas térmicas o revestimientos sin emisión de COV.
- **Acciones activas**, como la incorporación de sistemas de ventilación mecánica controlada (VMC), deshumidificadores o filtros de aire.
- **Recomendaciones de uso**, como evitar ambientadores artificiales, elegir productos certificados con etiqueta ecológica, o mantener ciertas pautas de ventilación diaria.

Fig. 3. Es recomendable acompañar cada medida de una justificación ambiental y de salud, que explique su utilidad de forma comprensible para el usuario final y para el técnico evaluador

Ejemplo

El técnico propone las siguientes soluciones:

- Sustitución de las ventanas por otras con carpintería de PVC y doble acristalamiento con rotura de puente térmico.
- Aplicación de pintura mineral transpirable con propiedades antimicrobianas en zonas afectadas.
- Incorporación de un sistema de ventilación mecánica de simple flujo con extracción en baños y cocina.
- Sustitución de los productos de limpieza por otros con etiqueta ecológica europea.
- Eliminación de ambientadores sintéticos y sustitución por ventilación diaria y textiles lavables con aceites esenciales naturales.

D. Redacción del proyecto técnico

Una vez definida la propuesta, se procede a la **redacción del proyecto técnico**, que debe incluir:

- **Memoria explicativa**, con los objetivos, diagnóstico previo, criterios de intervención y descripción de las medidas.

- **Esquemas o planos básicos**, si la intervención lo requiere (disposición de aberturas, flujos de ventilación, etc.).

- **Fichas técnicas de materiales** y certificados ambientales propuestos (etiqueta ecológica europea, sello natureplus, etc.).

- **Resumen de impacto previsto**, señalando cómo las medidas contribuirán a mejorar el confort, la salud y la sostenibilidad del hogar.

Fig. 4. En proyectos más avanzados, puede incluirse una estimación de costes, fases de ejecución y cronograma

Existen herramientas digitales gratuitas para elaborar informes de diagnóstico ambiental y proyectos de rehabilitación saludable, como las promovidas por institutos de bioconstrucción o plataformas de arquitectura sostenible.

Fig. 5. El profesional técnico debe identificar los riesgos, y también saber comunicarlos y resolverlos con soluciones eficaces y adaptadas

Ejemplo

El proyecto incluye una memoria donde se describen las medidas adoptadas para mejorar la salubridad interior, justificando cada una en función del diagnóstico. Se añaden fichas técnicas de los materiales, entre ellas:

- Carpintería exterior con certificación energética clase A.
- Pintura mineral con baja emisión de COV, con sello natureplus.
- Extractor con recuperación de calor para evitar pérdidas térmicas.

Además, se incorpora un esquema de ventilación cruzada complementaria, se indica una estimación de costes aproximada (6.000 €) y un cronograma de intervención en dos fases (ventanas y ventilación, pintura y formación al usuario sobre productos ecológicos).

U. A. 7. Desarrollo práctico de un proyecto técnico sobre medidas para asesorar y realizar un proyecto de vivienda saludable

Resumen

El desarrollo de un proyecto técnico para la creación de una vivienda saludable implica un enfoque integral que considere tanto los factores constructivos como los ambientales y de uso. Una vivienda sana no es solo aquella que cumple con los mínimos legales de habitabilidad, sino aquella diseñada o rehabilitada para promover activamente el bienestar físico y psicológico de sus ocupantes. Para ello, es necesario identificar los elementos que comprometen la calidad del aire, el confort térmico y la salubridad interior, y aplicar medidas eficaces que corrijan estos aspectos de forma técnica y justificada.

El primer paso fundamental en cualquier intervención es la recogida de información. Esta debe abarcar datos constructivos (como la orientación, los materiales utilizados o los sistemas de ventilación existentes), así como factores ligados al uso cotidiano del espacio, incluyendo hábitos de ventilación, número de personas residentes y productos empleados para la limpieza o ambientación. También debe tenerse en cuenta el entorno urbano o rural inmediato, ya que puede influir en la contaminación del aire o en el comportamiento térmico del edificio.

A partir de esta información se realiza un diagnóstico técnico, que debe identificar con precisión la presencia de contaminantes químicos, biológicos o físicos en el ambiente interior. Entre los más frecuentes se encuentran los compuestos orgánicos volátiles emitidos por productos sintéticos, la humedad que favorece la proliferación de moho, la acumulación de CO_2 por ventilación deficiente o el uso de materiales que impiden la transpiración del vapor de agua. El diagnóstico debe ser argumentado, basarse en evidencias concretas y considerar tanto los efectos inmediatos como los acumulativos sobre la salud.

Con base en este diagnóstico, se elaboran propuestas de mejora. Estas pueden incluir intervenciones pasivas, como la sustitución de materiales por otros más saludables y transpirables, o la mejora del aislamiento para evitar condensaciones. También pueden contemplarse soluciones activas, como la instalación de sistemas de ventilación mecánica o el uso de dispositivos que controlen la humedad. A ello se suman recomendaciones de uso orientadas a los usuarios, que deben adoptar hábitos compatibles con la salubridad del ambiente interior. Toda medida debe estar técnicamente justificada y preferiblemente respaldada por certificaciones ambientales reconocidas.

Finalmente, el proyecto técnico debe redactarse siguiendo un esquema claro: incluir una memoria justificativa, descripción de las medidas propuestas, esquemas o planos necesarios, fichas técnicas de productos y un resumen del impacto previsto en términos de salud, sostenibilidad y confort. Se trata de un documento que articula conocimiento técnico, criterios ambientales y capacidad de asesoramiento, y que debe permitir tanto su ejecución como su comprensión por parte del cliente o usuario final.

Este proceso exige al profesional una visión multidisciplinar, que conjugue arquitectura, salud ambiental y sostenibilidad. No basta con aplicar soluciones aisladas: es necesario diseñar espacios coherentes con los principios de la bioconstrucción, la eficiencia energética y la prevención de riesgos para la salud. El resultado no es solo un proyecto técnicamente correcto, sino un entorno construido que contribuye al bienestar integral de las personas que lo habitan.

Glosario

Calidad del aire interior

Grado de pureza del aire dentro de espacios cerrados, influido por la presencia de contaminantes químicos, biológicos o físicos, así como por la ventilación.

Contaminantes biológicos

Microorganismos como mohos, bacterias o ácaros que proliferan en ambientes con exceso de humedad o ventilación deficiente.

Contaminantes químicos

Sustancias presentes en el ambiente interior que pueden afectar a la salud, como los compuestos orgánicos volátiles (COV) emitidos por pinturas, barnices o productos de limpieza.

COV (Compuestos Orgánicos Volátiles)

Gases emitidos por ciertos materiales y productos que pueden provocar efectos nocivos en la salud. Están presentes, por ejemplo, en ambientadores, pinturas y disolventes.

Diagnóstico técnico

Proceso de análisis que permite identificar los factores de riesgo que afectan a la salud ambiental en una vivienda, a partir de observaciones, mediciones y entrevistas.

Etiqueta ecológica

Certificación otorgada a productos que cumplen ciertos estándares ambientales durante su ciclo de vida. Ejemplos: Etiqueta ecológica europea, natureplus, Ángel Azul.

Humedad relativa

Porcentaje de vapor de agua presente en el aire en relación con el máximo que podría contener. Niveles superiores al 60-65 % en interiores favorecen el desarrollo de mohos y ácaros.

Materiales saludables

Aquellos que no liberan sustancias tóxicas, son transpirables, reciclables o de bajo impacto ambiental, como pinturas minerales o aislamientos naturales.

Proyecto técnico

Documento estructurado que detalla los objetivos, medidas, materiales y justificantes técnicos de una intervención, en este caso, orientada a la mejora de la salubridad de una vivienda.

Puente térmico

Zona de una envolvente del edificio donde se produce una transmisión de calor superior, provocando pérdidas energéticas y posibles condensaciones. Su corrección mejora eficiencia y salud interior.

Rehabilitación saludable

Proceso de mejora de una vivienda que, además de resolver problemas constructivos, tiene como objetivo reducir los riesgos para la salud y aumentar el confort ambiental.

Transpirabilidad

Capacidad de un material para permitir el paso del vapor de agua, lo que evita condensaciones y favorece la salud del ambiente interior.

Ventilación cruzada

Sistema de renovación del aire que aprovecha corrientes naturales generadas por aberturas en lados opuestos del espacio, mejorando la calidad del aire sin necesidad de sistemas mecánicos.

Ventilación mecánica controlada (VMC)

Sistema de ventilación artificial que garantiza la renovación continua del aire interior, filtrando el aire entrante y expulsando el aire viciado.

Ejercicios de autoevaluación

1. **¿Cuál es el primer paso en el desarrollo de un proyecto técnico de vivienda saludable?**

   a. Recogida de información y análisis del contexto.

   b. Sustitución de materiales.

   c. Redacción del informe técnico.

   d. Revisión del etiquetado ambiental.

2. **¿Qué se debe incluir en la recogida de datos sobre el entorno?**

   a. Preferencias estéticas de los propietarios.

   b. Ubicación y presencia de fuentes contaminantes externas.

   c. Coste de materiales sostenibles.

   d. Datos de consumo eléctrico histórico.

3. **Un nivel elevado de CO_2 en interiores suele indicar:**

   a. Exceso de humedad.

   b. Mala ventilación.

   c. Presencia de contaminantes químicos.

   d. Exposición a radiación electromagnética.

4. **¿Cuál de las siguientes es una medida activa de mejora ambiental?**

   a. Pintura sin COV.

   b. Instalación de un sistema de ventilación mecánica controlada (VMC).

   c. Orientación sur del salón.

   d. Uso de cortinas de algodón.

5. **¿Qué tipo de contaminante representan los ácaros y las bacterias?**

    a. Químico.

    b. Electromagnético.

    c. Biológico.

    d. Acústico.

6. **¿Qué debe incluir obligatoriamente la memoria del proyecto técnico?**

    a. Objetivos, diagnóstico y medidas propuestas.

    b. Presupuesto cerrado de obra.

    c. Imágenes de la vivienda.

    d. Certificación energética.

7. **¿Qué etiqueta identifica un producto con bajo impacto ambiental?**

    a. ISO 45001.

    b. Etiqueta ecológica europea.

    c. Código BIC.

    d. Certificado eléctrico CEI.

8. **¿Qué herramienta es útil para identificar puntos críticos en la vivienda?**

    a. Plano catastral.

    b. Recibo de la luz.

    c. Manual del fabricante.

    d. Inspección técnica y entrevista con los usuarios.

9. **Una propuesta eficaz en vivienda saludable debe ser:**

    a. Costosa.

    b. Visualmente atractiva.

    c. Viable, normativa y justificada.

    d. Estéticamente neutra.

10.¿Cuál de las siguientes no es una intervención pasiva?

    a. Uso de pinturas ecológicas.

    b. Sustitución de moquetas por suelos cerámicos.

    c. Instalación de persianas térmicas.

    d. Colocación de purificadores de aire automáticos.

Aplicaciones prácticas

Aplicación práctica 1. Fuentes contaminantes

U. A. 2. Fuentes contaminantes

Sara y Hugo han decidido reformar el piso antiguo que acaban de heredar en un barrio urbano. El inmueble, de 85 m², tiene ventanas pequeñas, suelo de moqueta antigua, cocina de gas sin campana extractora y calefacción por estufa de butano. Ambos trabajan desde casa y comparten el piso con su hija de 2 años y un gato persa.

Tras varias semanas en la vivienda, han comenzado a notar algunos problemas:

- Hugo se despierta con congestión nasal y tos seca.
- Su hija ha desarrollado eccema en la piel.
- El salón huele raro por las mañanas y cuesta que se ventile bien.
- Aparecen manchas oscuras en la esquina del techo del baño.
- Utilizan ambientadores automáticos porque sienten que el aire "no huele limpio".

Preocupados, acuden a una asesoría especializada en vivienda saludable para solicitar un diagnóstico antes de continuar con la reforma. Tú formas parte del equipo que les visita.

Identifica al menos cinco factores y fuentes contaminantes presentes en la vivienda y relaciónalos con las molestias que presentan los ocupantes. Además, propón algunas recomendaciones generales para mejorar la calidad del aire interior.

Aplicación práctica 2. Análisis del ambiente y métodos de control

U. A. 3. Medidas y marco normativo

Marta, técnica en biohabitabilidad, recibe una solicitud urgente por parte del Ayuntamiento de un pequeño municipio. Varias familias han presentado quejas sobre síntomas recurrentes entre sus hijos que acuden a una guardería municipal reformada hace seis meses: irritación de ojos, somnolencia, y dolores de cabeza leves. Los síntomas desaparecen los fines de semana. Marta visita el centro y realiza una primera inspección visual, donde observa:

- Escasa ventilación natural (las ventanas se abren poco por seguridad).
- Presencia de moho en las juntas de algunas ventanas.
- Fuerte olor a "nuevo" en las aulas (posiblemente por barnices, colas o plásticos).
- Ausencia de sistemas mecánicos de renovación de aire.
- Pinturas y mobiliario recién instalados sin etiqueta visible.

Teniendo en cuenta esta información, responde a las siguientes cuestiones como si fueras la persona que realiza el diagnóstico inicial:

- ¿Qué método de control recomendarías aplicar en este caso para obtener información útil sobre la calidad del aire interior? Justifica tu elección.
- ¿Qué parámetros concretos priorizarías en la medición? ¿Por qué?
- Cita dos normas o documentos técnicos que servirían como referencia para valorar si el ambiente cumple con lo exigido legal o técnicamente.
- ¿Qué acciones iniciales podrían recomendarse mientras se obtienen los resultados de las mediciones?
- ¿Qué normativa específica nacional te ayudaría a exigir, si fuera necesario, una reforma de ventilación en el edificio?

Aplicación práctica 3. Clasificación de productos

U. A. 4. Etiquetado ambiental

Silvia es arquitecta y ha sido contratada para diseñar la reforma interior de un pequeño edificio de oficinas que busca convertirse en un espacio saludable, con buena calidad del aire y bajo impacto ambiental. Durante la fase de prescripción de materiales, se le presentan cuatro opciones para distintos elementos constructivos. Cada producto viene con algún tipo de etiqueta o certificación ambiental, pero no siempre está claro su alcance o fiabilidad.

Silvia quiere tomar decisiones responsables y basadas en criterios técnicos, así que decide clasificar la información disponible sobre cada producto en función de su tipo de etiqueta, su grado de verificación y el valor que aporta para una construcción saludable.

Completa la siguiente tabla con la clasificación más adecuada para cada producto.

Producto	Descripción de la etiqueta	Tipo de etiqueta esperada (I, II o III)	Nivel de verificación	¿Es útil para prescripción técnica saludable? (Sí/No)	Justificación
Pintura interior "EcoComfort"	El envase indica "Bajo en COVs. Producto respetuoso con el medio ambiente", sin sello oficial				
Aislamiento térmico "BioWool"	Incluye etiqueta Ecolabel (flor europea) otorgada por la UE tras evaluación multicriterio				
Revestimiento de suelo cerámico "TerraNova"	Aporta Declaración Ambiental de Producto (DAP) con datos sobre huella de carbono y uso de agua				
Paneles de madera "GreenOak"	Certificados con el sello FSC *(Forest Stewardship Council)*				

Aplicación práctica 4. Reforma para una casa sana

U. A. 6. Casa sana

Isabel y Eva han adquirido una vivienda antigua en una zona urbana para reformarla y convertirla en su residencia habitual y lugar de teletrabajo. Te han contratado como técnico/a para asesorarles en la reforma desde un enfoque de casa sana. Te explican que Isabel sufre de alergias respiratorias y Eva tiene sensibilidad a ruidos intensos. Ambas valoran el confort térmico y la luz natural.

Durante tu visita al inmueble detectas lo siguiente:

- Las ventanas son de aluminio sin rotura de puente térmico y no se abren correctamente.
- Hay moho en las esquinas de varias habitaciones.
- Las paredes están recubiertas de pintura plástica vieja.
- Quieren usar tarima flotante económica y mobiliario en tablero DM sin certificar.
- La orientación principal del salón es norte, pero quieren usarlo como espacio principal de trabajo.

Analiza las siguientes decisiones que se están planteando para la reforma. Para cada una, selecciona la opción más saludable.

1. Ventanas:

- Reparar las actuales, sellarlas mejor y pintarlas.
- Sustituir por ventanas con buena apertura y rotura de puente térmico.
- Mantenerlas y usar extractores eléctricos para ventilar.

2. Revestimiento de paredes:

- Pintar con pintura plástica económica.
- Aplicar pintura mineral transpirable (silicato o cal).
- Empapelar con papel vinílico lavable.

3. Suelo y mobiliario:

- Tarima flotante con base de espuma de poliuretano y muebles de DM.
- Suelo cerámico en zonas húmedas y parqué barnizado en seco.
- Suelo natural (madera sin barnices tóxicos) y mobiliario con sello FSC o sin formaldehído.

4. Espacio de trabajo orientado al norte:

- Mantenerlo en el salón, aunque tenga poca luz natural.
- Iluminarlo con tubos fluorescentes durante todo el día.
- Reubicar el espacio de trabajo en la habitación más luminosa y usar luz cálida regulable.

5. Tratamiento del moho:

- Aplicar lejía y cubrir con pintura.
- Usar ventilador portátil para secar las zonas.
- Identificar la causa, mejorar la ventilación y usar soluciones antimoho naturales.

Ejercicio de evaluación final

1. **¿Cuál de los siguientes factores influye en el confort térmico de una persona?**

   a. El tamaño del inmueble.
   b. El tipo de mobiliario.
   c. El color de la pintura.
   d. La temperatura de las superficies circundantes.

2. **¿Qué rango de temperatura se considera óptimo en invierno para interiores saludables?**

   a. 16 °C – 18 °C.
   b. 20 °C – 24 °C.
   c. 26 °C – 30 °C.
   d. 10 °C – 14 °C.

3. **¿Cuál es una consecuencia directa de la contaminación del aire interior en personas vulnerables?**

   a. Mejora del sistema inmunológico.
   b. Agravamiento de enfermedades respiratorias.
   c. Reducción del nivel de colesterol.
   d. Aumento del apetito.

4. **¿Cuál de estos hábitos contribuye a empeorar la calidad del aire interior?**

   a. Usar velas aromáticas sin ventilación.
   b. Ventilar dos veces al día.
   c. Secar la ropa al sol.
   d. Evitar alfombras en el dormitorio.

5. **¿Qué característica es propia de los compuestos orgánicos volátiles (COVs)?**

   a. Son visibles al ojo humano.

   b. Tienen un olor agradable siempre.

   c. Se evaporan fácilmente a temperatura ambiente.

   d. Solo se generan al cocinar.

6. **¿Qué tipo de contaminación no es necesariamente química ni biológica pero afecta al bienestar?**

   a. Formaldehído.

   b. *Escherichia coli.*

   c. Contaminación acústica.

   d. Esporas de moho.

7. **¿Qué entidad emite directrices internacionales sobre la calidad del aire y salud?**

   a. OMS.

   b. ISO.

   c. IDEA.

   d. UNE.

8. **¿Cuál es el objetivo del Reglamento de Instalaciones Térmicas en los Edificios (RITE)?**

   a. Regular los contratos de obra.

   b. Clasificar los edificios por su altura.

   c. Garantizar eficiencia energética y calidad ambiental en instalaciones térmicas

   d. Definir los certificados de profesionalidad.

9. **¿Cuál de estas situaciones puede indicar una mala calidad del aire sin necesidad de aparatos de medición?**

   a. Olores persistentes y presencia de moho visible.
   b. Ventanas con doble acristalamiento.
   c. Aire acondicionado en verano.
   d. Suelo radiante bien calibrado.

10. **¿Cuál de los siguientes es un sistema de certificación español para edificios sostenibles?**

    a. LEED.
    b. WELL.
    c. VERDE.
    d. ISO 14021.

11. **¿Qué tipo de etiqueta puede incluir frases como "100 % reciclable" sin verificación externa?**

    a. Tipo I.
    b. Tipo III.
    c. Tipo II.
    d. Tipo IV.

12. **¿Por qué son importantes las certificaciones ambientales en la prescripción técnica?**

    a. Permiten sustituir el proyecto de ejecución.
    b. Son obligatorias por el Código Técnico de la Edificación.
    c. Aportan garantías sobre el impacto ambiental y la salud.
    d. Eliminan la necesidad de justificar materiales.

13.El sistema WELL considera como parte del diseño saludable:

a. Solo la ventilación y la temperatura.

b. Factores físicos, emocionales y sociales.

c. Exclusivamente la orientación solar.

d. Materiales reciclados sin evaluación ambiental.

14.Una casa sana según medicina ambiental debe:

a. Tener domótica y sensores inteligentes.

b. Incluir elementos electrónicos avanzados.

c. Minimizar emisiones y campos electromagnéticos.

d. Incorporar productos químicos desinfectantes.

15.¿Cuál de estas afirmaciones es correcta respecto a los modelos existentes?

a. Todos siguen las mismas normativas y técnicas.

b. No existe ningún enfoque que considere la salud mental.

c. Las casas saludables son solo posibles en el entorno rural.

d. Existen diferentes enfoques que pueden combinarse según el contexto.

16.¿Cuál de las siguientes afirmaciones es correcta?

a. Un espacio saludable debe estar completamente sellado para evitar la entrada de aire exterior.

b. Los adhesivos no influyen en la salud ambiental del espacio.

c. La calidad del aire interior influye en la salud respiratoria y mental.

d. Solo los materiales estructurales afectan a la salud.

17.En la memoria técnica de una obra saludable, es recomendable:

a. Incluir únicamente los precios de materiales.

b. Justificar solo los aspectos decorativos.

c. Explicar las decisiones desde la perspectiva de la salud y el bienestar.

d. Excluir los aspectos de ventilación y confort.

18.¿Qué combinación favorece un entorno saludable?

a. Hormigón visto, luces frías y alfombras sintéticas.

b. Revestimientos vinílicos, moho controlado y sistemas cerrados.

c. Materiales naturales, buena ventilación e iluminación natural.

d. PVC, climatización centralizada y pintura plástica.

19.¿Qué tipo de contaminante puede proceder de un mueble nuevo sin certificación?

a. Compuestos orgánicos volátiles (COV).

b. Humedad.

c. Radiación UV.

d. Polvo en suspensión.

20.¿Qué se recomienda incluir al final del proyecto técnico?

a. Solo fotografías del antes y después.

b. Impacto previsto de las medidas sobre la salud y el confort.

c. Firmas de los usuarios.

d. Publicidad de materiales utilizados.

Solucionario

U. A. 1. Introducción

1. b	**6.** c
2. b	**7.** a
3. d	**8.** b
4. b	**9.** b
5. c	**10.** b

U. A. 2. Fuentes contaminantes

1. b	**6.** c
2. c	**7.** c
3. b	**8.** c
4. c	**9.** b
5. a	**10.** b

U. A. 3. Medidas y marco normativo

1. b	**6.** c
2. c	**7.** b
3. b	**8.** b
4. c	**9.** b
5. d	**10.** a

U. A. 4. Etiquetado ambiental

1. b	**6.** c
2. b	**7.** b
3. a	**8.** b
4. c	**9.** a
5. c	**10.** c

U. A. 5. Ambientes residenciales sanos

1. c	**6.** c
2. a	**7.** a
3. c	**8.** c
4. b	**9.** c
5. b	**10.** d

U. A. 6. Casa sana

1. c	**6.** a
2. a	**7.** c
3. c	**8.** b
4. c	**9.** c
5. c	**10.** a

U. A. 7. Desarrollo práctico de un proyecto técnico sobre medidas para asesorar y realizar un proyecto de vivienda saludable

1. a

2. b

3. b

4. b

5. c

6. a

7. b

8. d

9. c

10. d

Bibliografía

Legislación

Ley 31/1995, de Prevención de Riesgos Laborales.

Real Decreto 102/2011, sobre mejora de la calidad del aire.

Real Decreto 395/2007, por el que se regula el subsistema de formación profesional para el empleo.

Real Decreto 505/2007, sobre condiciones básicas de accesibilidad en edificios.

RD 486/1997, sobre disposiciones mínimas de seguridad y salud en los lugares de trabajo.

RD 1627/1997, sobre disposiciones mínimas de seguridad en obras de construcción.

Reglamento (CE) nº 66/2010, sobre la Etiqueta Ecológica de la Unión Europea.

Reglamento REACH (CE 1907/2006), relativo al registro, evaluación y autorización de sustancias químicas.

UNE 171330 sobre calidad ambiental en interiores.

UNE 139803:2012, sobre accesibilidad de contenidos web.

UNE-EN 15251 sobre condiciones ambientales interiores.

Webgrafía

Agentes contaminantes en el hogar

https://www.neumomadrid.org/agentes-contaminantes-en-el-hogar/

Casa sana: los siete principios fundamentales de un hogar saludable

https://www.solerpalau.com/es-es/blog/casa-sana/

Cómo tener una casa sana con criterios de bioconstrucción

https://tallerkaruna.org/casa-sana-bioconstruccion/

Contaminantes biológicos en el hogar

https://www.nachi.org/pollutants-spanish.htm

Etiquetas ecológicas en productos de construcción: ¿Qué son y qué tipologías hay?

https://espaciosto.com/etiquetas-ecologicas-en-productos-de-construccion-que-son-y-que-tipologias-hay/

Guía: Edificios y Salud "7 Llaves para un edificio saludable"

https://www.aparejadoresmadrid.es/noticias/listado/-/asset_publisher/qv0i3blNgFp0/content/edificios-y-salud-7-llaves-para-un-edificio-saludable

Guía para la bioconstrucción de tu casa

https://micasaesviva.com/guia-bioconstruccion-casa/

¿Qué es la vivienda saludable y su importancia?

https://www.culmia.com/blog/vivienda-saludable

Qué son las etiquetas ambientales para materiales de construcción ecológicos
https://suministroshsf.es/que-son-las-etiquetas-ambientales-para-materiales-de-construccion-ecologicos/

Sustancias tóxicas presentes en obras de construcción
https://www.gorayeb.com/blog/sustancias-toxicas-obras-construccion/